Die besten Rezepte aus der

TAVERNA

1. Auflage 1997
Die Originalausgabe erschien unter dem Titel
CASUAL CUISINES OF THE WORLD:
THE BEST OF CASUAL MEDITERRANEAN
COOKING - TAVERNA
bei Sunset Publishing Corporation, Menlo Park

Redaktion: Marion Morawek/Ursula Steffens
Satz: Grafisches Büro, Wentorf
Druck und Bindung: Kyodo Printing Co., Singapore
ISBN 3-551-85062-3
Printed in Singapore

Die besten Rezepte aus der

TAVERNA

von Joyce Goldstein

Fotos von Peter Johnson
Aus dem Amerikanischen von Susanne Dickerhof-Kranz

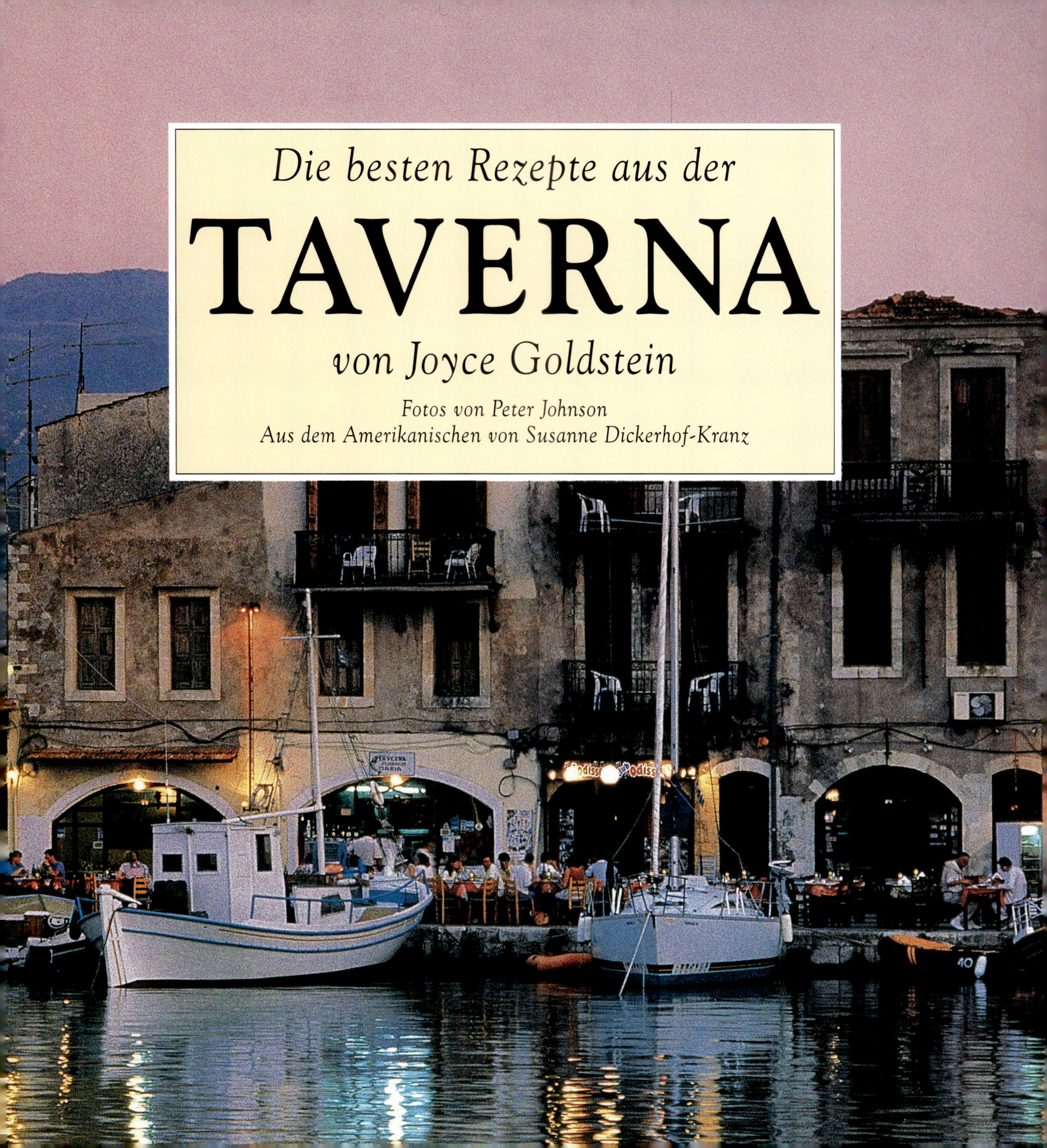

Inhalt

Einleitung 7

Vorspeisen 17

Suppen und Gemüse 41

Fisch und Meeresfrüchte 67

Geflügel und Fleisch 87

Desserts 111

Coca-Cola
ΠΑΓΩΜΕΝΗ
ΤΑΒΕΡΝ
Η
Χελώνα
ΣΠΥΡΟΣ ΑΣΠΡΟΜΑ

Einleitung

Eine abgeschabte Bar, schlichte Holztische, Teller mit dampfendem Essen, lebhaftes Stimmengewirr, das Klingen von Gläsern, vielleicht noch der Klang einer Geige: so erinnnern wir die Tavernen des Mittelmeerraums, soziale Zentren, die Essen, Trinken und Freundschaft gleich großzügig gewähren.

Eine Taverne kann eine einfache Sportler-Bar im Bootshafen sein, die einzige Speisestätte auf dem Marktplatz eines weiß schimmernden Dorfes oder lebhafter Treffpunkt in der Seitengasse einer Großstadt. Die Speisekarte ist auf Regionalkost spezialisiert, von den kleinen Häppchen, die so gut zum Landwein passen, bis zu herzhaften Suppen, dampfenden Eintöpfen und zartem Grillfleisch. An Personal gibt es meist nur den Koch und einen Kellner und die entspannte Atmosphäre ist einladend und herzlich.

Diese Tavernen ziehen Angestellte und Studenten an, Bankdirektoren und Fischer, familiäre Hochzeitsfeiern und lärmende Kartenrunden. Mit anderen Worten: Die Taverna ist ein idealer Treffpunkt für alle, die rustikales Essen in einer freundlichen Umgebung zu schätzen wissen.

Die Geschichte der Taverna

Taverna ist ein griechisches Wort, das aus dem Lateinischen kommt, von *taberna.* Ursprünglich war dies ein Ort, an dem griechische Männer sich die Zeit vertrieben, Ouzo und Wein trinkend und plaudernd – eine Art Kreuzung zwischen Bar und Wohnzimmer. Nach und nach erweiterte sich ihre Funktion, und heute ist eine griechische Taverna ein inoffizieller Treffpunkt, der zum Trinken und Reden mit Freunden auffordert, und gleichzeitig eine Gaststätte, in der man zu erschwinglichen Preisen auswärts Hausmannskost essen kann.

Taverna ist der griechische Name für diese Speiselokale, aber die Art von rustikaler Regionalküche, die in Tavernen serviert wird, kennt man auch in anderen Regionen der Mittelmeerküste. Auf den folgenden Seiten werden Sie daher Rezepte nicht nur aus Griechenland finden, sondern auch aus der Türkei, aus Portugal und Spanien. Denn auch in diesen Ländern wird auf die gleiche unverschnörkelte Art gekocht und man schätzt auch dort das lässig rustikale und sonnendurchglühte Ambiente von einfachen Gaststätten.

In der Türkei nennt man diese Alltags-Lokale *lokanta* (vom italienischen *locanda*) oder *meyhane*, an der ägäischen Küste auch *taverna*. In Portugal, das vom Geiste des Mittelmeers geprägt ist, auch wenn es nicht am Mittelmeer liegt, kennt man die *tasca*, ein einfaches Restaurant, in dem Wein und unkomplizierte Gerichte serviert werden. Und in Spanien geht man in die *taberna, tasca* oder *Tapas-Bar*, wo Tapas und regionale Spezialitäten zum lokalen Wein schmecken.

Das Erlebnis Taverna

Das Wort Taverna ruft eine Fülle von Bildern hervor und diese wecken nicht nur Erinnerungen an Griechenland. Darum steht Taverna in diesem Buch nicht nur für die ehrwürdigen griechischen Gaststätten, sondern auch für alle anderen, ihnen ähnliche Gasthäuser, denen wir für dieses Buch in die Töpfe geschaut haben.

In der Taverna ist das lebhafte Gespräch Teil der Atmosphäre. Trinken, Rauchen und Gestikulieren mit der Tageszeitung sind hier unabdingbarer Bestandteil der Gespräche. Der Be-

sitzer ist gewöhnlich anwesend, beim Ausschank an der Bar oder an der Registrierkasse. Oft steht er (oder sie) auch hinter den Töpfen in der Küche und ruft hin und wieder Befehle ins Restaurant, wenn ein Gericht fertig ist. Die Taverna ist niemals ein stiller Tempel der Esskultur, kein sternengeschmückter Anziehungspunkt für Restaurantkritiker. Sie ist ein rustikaler Treffpunkt für alle, die in der Nähe leben, ein Platz, an dem die Einheimischen speisen.
Taverna-Köche haben ihren Beruf selten gelernt. Meistens handelt es sich um Frau oder Schwester, Mutter oder Bruder des Besitzers und sie kochen nach erprobten Familienrezepten. Ihre

Küche ist meistens eine winzige, voll gestopfte Ecke am Ende des Gastraums oder auch nur eine kleine Abseite. Fisch und Fleisch werden gewöhnlich auf dem Holzkohlengrill im Freien auf der Terrasse zubereitet.

Taverna-Küche

In den Küchen der Tavernen werden nur die besten Produkte der Jahreszeit verwendet, gerade frisch gepflückt, gefangen oder geschlachtet. Ein Bauer aus der Umgebung bringt mit dem Lastwagen frisches Gemüse, Obst und vielleicht ein Lamm oder ein Spanferkel. Der Fischer bringt den Tagesfang und der Koch pflückt im Garten hinter dem Haus den frischen Salat und das Gemüse. Diese regionalen Zutaten werden, zusammen mit duftendem grünem Olivenöl und aromatischen Kräutern und Gewürzen, zu einfachen, aber unwiderstehlichen Gerichten komponiert.

Die Tageskarte wird oft auf eine kleine Schiefertafel geschrieben, in anderen Fällen stellt einfach der Kellner das Angebot vor. Im Mittelpunkt des Angebots steht meist der frische Fisch und in vielen Häusern trifft der Gast selber die Auswahl unter den Fischen und Krustentieren. Ein Tisch mit zahlreichen kleinen Vorspeisen – *meze* in der Türkei und Griechenland, *tapas* in Spanien und *acepipes* in Portugal – wird stolz präsentiert und die Gäste werden dazu eingeladen, sich davon auszusuchen. Eine herzhafte Suppe, ein Schmorgericht oder etwas Gegrilltes folgen zum Hauptgang, begleitet von Reis-Pilaw oder gebackenen Kartoffeln, Salat oder mit Olivenöl beträufeltem Gemüse. Zum Dessert gibt es meistens Obst oder Käse, manchmal einen Pudding.

Die Einrichtung

Die Einrichtung der Tavernen ist meistens eher rustikal. Terrazzo- oder Holzböden und einfache Holztische prägen das Bild. Die Wände sind verputzt, manchmal tragen sie auch dekorative handgemalte Kacheln oder ein Wandgemälde eines Malers aus der Umgebung. Der Wein wird hinter der meist langen Bar gelagert. Es gibt kein aufwendiges Porzellan und nur selten Tischdecken. Die Bestecke

sind einfach, die Keramik solide und die Gläser sind meist schwere Bechergläser. Der Wein wird in einem Krug auf den Tisch gestellt, aus dem sich die Gäste selbst einschenken. Das Essen wird für gewöhnlich auf Metall- oder Terracottaplatten serviert, und auch hier nimmt sich jeder Gast selber. Manchmal wird das Essen auch auf Tellern serviert, aber immer ohne großes Zeremoniell.

Getränke

In den griechischen Tavernen und ihren türkischen, portugiesischen und spanischen Entsprechungen gibt es gewöhnlich die Weine und Schnäpse der Region. Deshalb findet man nur selten eine Weinkarte. Der Kellner wird meistens unaufgefordert eine Karaffe frischen Landwein auf den Tisch stellen. Wenn er weitergehendes Interesse spürt, serviert er vielleicht eine ältere Flasche aus dem kleinen Weinkeller.

Die griechische Taverna

Zu den griechischen *meze* trinkt man Bier, Wein oder *Ouzo*, den kräftigen Anisschnaps. Man gießt erst etwas *Ouzo* in ein hohes Becherglas und füllt dieses anschließend mit kaltem Wasser auf. Das Getränk wird dann milchig weiß. Obwohl es auf den ersten Blick ungewöhnlich erscheinen mag, Ouzo zum Essen zu trinken, passt der leicht lakritzige Geschmack oft gut, besonders zu Gerichten mit Vinaigrette. Geharzte Weine mit ihrem kräftigen Aroma erinnern an die altgriechische Sitte, Weine in geteerten Amphoren zu lagern, die ihr Aroma an den Wein abgaben. Weißer Retsina, gut gekühlt serviert, ist noch heute der beliebteste unter den offenen Weinen. Versuchen Sie ihn einmal mit Fisch oder Geflügel. Aber es gibt in Griechenland auch viele ungeharzte Weine, zum Beispiel weißen Santorini oder den Demestika, und ein paar beachtliche Rote. Lord Byron schätzte während seines Griechenland-Aufenthaltes den Muskatwein von der Insel Samos. Er passt besonders gut zum Dessert. Als Digestif dagegen eignet sich ein Glas Metaxa.

Die türkische Lokanta

Die meisten Türken sind moslemisch und dürfen daher keinen Wein zu sich nehmen. Dennoch ist der hochprozentige, anisduftende Raki, dem griechischen Ouzo ähnlich, in den Lokantas sehr populär. Wie dieser wird *Raki* mit kaltem Wasser aufgefüllt und passt mit seinem Anis-Aroma gut zu den Vorspeisen. Zum Hauptgang trinkt man hauptsächlich nichtalkoholische Getränke wie Granatapfelsaft oder ein gewürztes Mandel-Joghurt-Getränk, welches mit Wasser aufgefüllt wird, *Ayvar* genannt.

Die portugiesische Tasca

Portugal produziert Hunderte von verschiedenen Weinsorten, meist auf kleinen Weingütern oder in Kooperativen. Daher ist es schwierig, einen bestimmten Wein außerhalb seiner Region wieder zu finden. Die Landweine werden den Lokalen meist in Fässern angeliefert und deshalb üblicherweise in Ton- oder Keramikkrügen serviert. Besonders populär ist der erfrischende und leicht moussierende *vinho verde*. Junge Weine wie dieser werden immer kalt serviert und schmecken wunderbar als Aperitif oder zu Fisch und Krustentieren. Es gibt auch gute Rotweine, die zu Fleisch und Wild passen.

Port und Madeira, die beiden hochprozentigen Dessertweine des Landes, machen Portugals

Bedeutung als Weinland aus. Weißer und dunkler Port, als *tawny* bezeichnet, werden gekühlt als Aperitif serviert, während die roten Portweine nach dem Essen zu Nüssen und Trockenfrüchten schmecken. Madeira gibt es von leicht und trocken bis dunkel und süß. Trockener Madeira wird ebenfalls kühl als Aperitif serviert, während die lieblichen Varianten zum Dessert gereicht werden.

Die spanische Taberna

In Spanien gilt Sherry *(jerez)* als idealer Aperitif und als Begleiter zu Tapas. Die hellen, trockenen Sherrys serviert man wahlweise gekühlt oder bei Zimmertemperatur, die dunklen immer bei Zimmertemperatur. Sangria ist als erfrischende Fruchtbowle sehr beliebt, wird aber vor allem als kühles Getränk zwischen den Mahlzeiten an heißen Tagen serviert und weniger zum Essen. Stattdessen sollte man einen aus der riesigen Auswahl von spanischen Weinen genießen, von denen viele gut zur Taberna-Küche passen – die weißen zu Fisch und hellem Fleisch, die roten zu dunklem Fleisch und Wild.

Kaffee

Rund um das Mittelmeer trinkt man nach dem Essen, aber auch gern nachmittags zwischendurch, einen Kaffee. In der Türkei und in Griechenland trinkt man den schweren, dickflüssigen und gesüßten Kaffee aus kleinen Tassen, dazu ein Glas mit Eiswasser. In Portugal trinkt man *bica*, einen kleinen, starken Kaffee aus besonders aromatischen Bohnen, während die Spanier ihren *café* nach dem Essen pur oder abends auch gerne mit einem Schuss Brandy trinken.

Geröstete Mandeln

Dieser süchtigmachende Snack wird rund um das Mittelmeer zum Aperitif serviert.

Speise- oder Olivenöl
ganze, abgezogene Mandeln
Salz
Cayennepfeffer (wahlweise)

Eine tiefe Pfanne gut mit Öl füllen. Bei mittlerer Hitze bis 180 Grad C erhitzen. (Entweder mit dem Fett-Thermometer prüfen oder probeweise eine Mandel ins Fett geben, die sofort zu zischen beginnen muss.) Mandeln portionsweise hineingeben und in etwa 3 Minuten goldbraun rösten, mit der Schaumkelle herausnehmen und auf Küchenpapier abtropfen lassen. Mit den restlichen Mandeln ebenso verfahren. Mit Salz und Cayennepfeffer würzen.

Grundrezepte

In Tavernen und ähnlichen ländlichen Gaststätten bestehen die Gerichte oft nur aus wenigen, einfachen Zutaten, die entweder gegrillt, geröstet oder geschmort werden. Diese Gerichte würden geradezu simpel auf uns wirken, wenn da nicht die üppigen Soßen wären, die traditionell dazu serviert werden. Diese Soßen machen aus schlichtem gebratenem Gemüse ebenso eine Delikatesse wie aus einer Schüssel Garnelen.

Knoblauch-Kartoffel-Soße

SKORDALIA

Der Name Skordalia kommt von »Skorda«, was Knoblauch heißt. Die verschiedenen Varianten der Soße werden entweder mit Kartoffeln oder mit Brot und Nüssen angedickt; gelegentlich auch mit allen drei Zutaten. Einige Rezepte verwenden nur Essig, während andere,– so wie dieses,– zusätzlich Zitronensaft benutzen. Die Soße passt gut zu frittiertem frischem Fisch, Klippfisch, gekochter Rote Bete sowie zu ausgebackenen Zucchini oder Auberginen.

125 g blanchierte Mandeln oder Walnüsse
500 g mehlige Kartoffeln, geschält und grob zerkleinert
8 Knoblauchzehen
grobes Salz
3 EL Rotweinessig
60 ml frisch gepresster Zitronensaft
180 ml kaltgepresstes Olivenöl
Salz und frisch gemahlener Pfeffer

Die Nüsse auf einem Backblech in den auf 180 Grad C vorgeheizten Ofen schieben. 8 bis 10 Minuten bräunen lassen. Sie beginnen dann zu duften. Aus dem Ofen nehmen, abkühlen lassen, fein hacken und bereitstellen.

Die Kartoffelstücke etwa 15 Minuten in kochendem Wasser garen (ab und zu mit der Gabel prüfen), anschließend abgießen und noch einmal kurz auf den Herd zurückstellen, damit die überschüssige Feuchtigkeit verdampfen kann. Danach die Kartoffeln mit einem Stampfer oder der Kartoffelpresse zu Mus verarbeiten und bereitstellen.

In einem Mörser Knoblauch und grobes Salz zu einem Püree zerstoßen. Es sollten sich daraus etwa zwei Esslöffel Püree ergeben.

Das Knoblauchpüree zu den Kartoffeln geben und mit dem Schneebesen 1 Esslöffel Essig sowie jeweils die Hälfte des Zitronensaftes und des Olivenöls unterrühren. Die Masse in eine Küchenmaschine geben und nach und nach weitere 2 Esslöffel Essig und den restlichen Zitronensaft, Olivenöl und gegebenenfalls Nüsse darunter arbeiten. Mit Essig, Salz und Pfeffer abschmecken und in einer Schüssel servieren. Sie können die Soße auch abgedeckt und gekühlt über Nacht stehen lassen. Sie sollte dann allerdings vor dem Servieren wieder auf Raumtemperatur erwärmt werden.

Ergibt etwa 2½ Tassen

Joghurt-Gurken-Soße

TSATSIKI

Fetthaltiger, sämiger Schafsmilchjoghurt ist der Grundstoff für diese würzige Soße, die in jeder griechischen Taverne auf der Speisekarte zu finden ist. In der Türkei heißt sie Cacik. Man bekommt diesen Joghurt in türkischen Geschäften oder Markthallen. Um die gleiche Konsistenz mit Kuhmilchjoghurt zu erreichen, muss man ihn zunächst gründlich abtropfen lassen. Die Soße passt gut zu frittierten Auberginen und Zucchini sowie zu Lammkoteletts oder Fleischbällchen, eignet sich aber auch als Dip zu Fladenbrot.

1 kg Natur-Joghurt
1 große Salatgurke (oder zwei kleinere), geschält, entkernt und grob geraspelt
Salz
3 große Knoblauchzehen, fein gehackt
1 EL Rotwein- oder anderer Essig oder frisch gepresster Zitronensaft
3 EL Olivenöl
1 Bund frisch gehackte Minze oder
Je 1 halbes Bund Minze und Petersilie
Frisch gemahlener Pfeffer

Ein großes Sieb mit Mull auslegen, Joghurt hineingeben und über einer Schüssel 4–6 Stunden an einem kühlen Ort abtropfen lassen. Danach sollten 1½ bis 2 Tassen (375–500 g) Joghurt zurückbleiben, die gegebenenfalls nochmals gekühlt werden.

Die geraspelte Gurke in ein Sieb oder einen Durchschlag geben, leicht salzen und gut vermengen. 30 Minuten stehen lassen, damit sie Feuchtigkeit ziehen kann.

In einer Schüssel den abgetropften Joghurt, Knoblauch, Essig bzw. Zitronensaft und Olivenöl gut vermischen. Die geraspelten Gurken in einem Küchentuch gut ausdrücken und dann zu der Joghurtmischung geben. Minze oder Petersilie dazugeben und gut durchrühren. Mit Salz und Pfeffer abschmecken. Sofort servieren oder über Nacht kalt stellen. Vor dem Servieren wieder auf Zimmertemperatur bringen.

Ergibt etwa 2½ Tassen

Tomaten-Nuss-Soße

SALSA ROMESCO

Diese Soße aus Katalonien verdankt ihren Namen verschiedenen Sorten getrockneter Paprika. Wer es scharf mag, kann nach Geschmack frisch gehackte Chilischoten oder Cayennepfeffer dazugeben. In Katalonien wird Romesco zu gegrillten Krustentieren und Frühlingszwiebeln serviert. Die Soße schmeckt hervorragend zu gegrilltem Fisch, Lamm und Schwein sowie zu Porree, Spargel und Roter Bete.

2 getrocknete Chilischoten
1 große rote Paprikaschote
75 g blanchierte Mandeln
75 g Haselnüsse
2 EL plus 160 ml kaltgepresstes Olivenöl
1 Scheibe dickes Bauernbrot ohne Kruste
3 große gehackte Knoblauchzehen
185 g Tomaten, geschält, entkernt, gewürfelt und gut abgetropft (frisch oder aus der Dose)
1 EL Paprikapulver
½ TL Cayennepfeffer, nach Geschmack
3 EL Rotwein- oder anderer Essig
Salz und frisch gemahlener Pfeffer

Die Pfefferschoten in einer Schüssel mit heißem Wasser bedeckt 1 Stunde stehen lassen.

Den Grill des Backofens vorheizen, die Paprikaschoten der Länge nach halbieren, entkernen, putzen und dann mit der Schnittfläche nach unten auf einem Backblech unter den Grill schieben. Sobald sie schwarz werden und Blasen werfen, die Paprika aus dem Ofen nehmen, in einen geschlossenen Plastikbehälter geben und 20 Minuten stehen lassen. Anschließend lässt sich die Haut leicht abziehen. Jetzt die Schoten fein würfeln und beiseite stellen.

Den Backofen auf 180 Grad C vorheizen und Haselnüsse und Mandeln getrennt auf einem Backblech hineinschieben. Rösten, bis sich die Haut der Haselnüsse abzulösen beginnt (8-10 Minuten). Die Nüsse in ein Küchentuch einschlagen und rubbeln, bis sich die Haut gelöst hat. Haselnüsse und Mandeln beiseite stellen.

Die Pfefferschoten abtropfen lassen. Stiele und Kerne entfernen. Schoten würfeln und beiseite stellen.

In einer kleinen Pfanne bei mittlerer Hitze 2 Esslöffel Olivenöl erwärmen. Das Brot darin auf beiden Seiten goldbraun anrösten. Brot mit Pfefferschoten, Mandeln, Haselnüssen, Paprikaschoten, Knoblauch und Tomaten in eine Küchenmaschine geben. Paprikapulver, ½ Teelöffel Cayennepfeffer und 3 Esslöffel Essig hinzufügen und das Ganze pürieren. Am Ende bei laufender Maschine langsam die 160 ml Olivenöl dazugeben. Das fertige Püree sollte die Konsistenz von saurer Sahne haben. Nach Belieben mit Salz und Pfeffer würzen. Das Ganze 15 Minuten stehen lassen, damit sich der Geschmack der Zutaten entwickeln kann, dann abschmecken und gegebenenfalls nachwürzen. Zum Servieren in eine schöne Schüssel umfüllen. Gut gekühlt kann das Püree in einem geschlossenen Gefäß bis zu einem Monat aufbewahrt werden. Vor dem Servieren auf Zimmertemperatur bringen.

Ergibt etwa 2½ Tassen

Chili-Soße

MOLHO DE PIRI-PIRI

Piri-Piri ist der portugiesische Sammelbegriff für die aus Angola stammenden, besonders scharfen Chilischoten. Da der scharfe Geschmack vor allem von den Kernen herrührt, lässt sich die Schärfe der Soße durch die Dosierung der Kerne bestimmen. Die feurige Beilage passt als Marinade oder Soße zu Garnelen, Hummer oder Geflügel.

60 g grob gehackte frische rote Chilischoten
3 fein gehackte Knoblauchzehen
Salz
250 ml Olivenöl
60 ml Rotweinessig (nach Belieben)

Alle Zutaten in ein Glas mit Schraubverschluss geben und an einem kühlen, dunklen Ort mindestens eine Woche, höchstens einen Monat stehen lassen. Vor dem Gebrauch gut durchschütteln.
Ergibt etwa 1½ Tassen

Eingelegte Oliven

AZEITONAS

Die Oliven sollten mindestens 2 Tage in der Marinade liegen, bevor sie als Vorspeise oder zu Drinks serviert werden. Im Kühlschrank halten sie sich ohne weiteres eine Woche lang.

Rezept für schwarze Oliven:
500 g schwarze Oliven aus der Salzlake, abgespült
3 zerdrückte Knoblauchzehen
1 TL gemahlener Kreuzkümmel
1 TL getrocknete Chiliflocken
Olivenöl

Rezept für grüne Oliven:
500 g grüne Oliven aus der Salzlake, abgespült
4 zerdrückte Knoblauchzehen
2 EL getrockneter Oregano
dünn abgeschälte Schale von 2 Orangen oder Zitronen (unbehandelt)
Olivenöl

Für jede der beiden Zubereitungen alle Zutaten miteinander mischen. So viel Olivenöl dazugießen, dass alles knapp bedeckt ist. Gut durchmischen. Abgedeckt mindestens 2 Tage an einem kühlen Ort ziehen lassen. Vor dem Servieren auf Zimmertemperatur bringen.

Vorspeisen

Ob Sie eine griechische Taverna, eine türkische Lokanta, eine spanische Taberna oder eine portugiesische Tasca betreten, Ihr erster Blick wird wahrscheinlich auf einen Tisch mit unwiderstehlichen Vorspeisen fallen. In Griechenland und in der Türkei heißen sie *mezethes*, in Spanien *tapas* und in Portugal *acepipes*. Sie werden gewöhnlich auf kleinen Tellern serviert, ein oder zwei zugleich. Manchmal geht der Kellner auch mit Tellern voller heißer Vorspeisen durch den Raum und bietet sie einfach an. Scheuen Sie sich nicht zuzugreifen, denn darunter sind wahre Köstlichkeiten! Versuchen Sie aber in jedem Fall die gebackenen Auberginen und die Knoblauch-Garnelen, ebenso die Stockfisch-Bällchen und Zucchini-Küchlein. Eine besondere Delikatesse sind auch gebackene Muscheln mit *tarator*, einer köstlichen Nuss-Soße. Sie werden versucht sein die ganze Mahlzeit aus diesen Kleinigkeiten zusammenzustellen, aber in den meisten Restaurants erwartet man, dass Sie anschließend auch ein Hauptgericht bestellen. Alle diese Gerichte geben Ihnen einen Eindruck von den reichen und vielfältigen Aromen der Taverna-Küche. Es gibt wenig bessere Möglichkeiten, das Besondere einer Landesküche kennenzulernen als durch solche verlockenden Vorspeisen!

GAMBAS AL AJILLO – SPANIEN

Knoblauch-Garnelen

In spanischen Tabernas werden die Garnelen häufig in einer kleinen Eisenpfanne serviert – noch brutzelnd und intensiv nach Knoblauch und Olivenöl duftend. Den leckeren Saft in der Pfanne tunkt man am besten mit reichlich Brot auf. Schön ist es, wenn Sie Zitronenschnitzen dazu servieren.

60 ml Olivenöl
4 große Knoblauchzehen, fein gehackt
1 TL rote Chiliflocken
500 g mittelgroße Garnelen (roh, in der Schale)
2 EL frisch gepresster Zitronensaft
2 EL trockener Sherry
1 TL Paprikapulver
Salz und frisch gemahlener schwarzer Pfeffer
Frisch gehackte glatte Petersilie zum Garnieren

In einer gusseisernen Pfanne über mittlerer Hitze das Olivenöl erwärmen. Knoblauch und Chiliflocken dazugeben und 1 Minute lang anbraten. Die Hitzezufuhr verstärken und die Garnelen, den Zitronensaft, den Sherry und das Paprikapulver dazugeben. Alles gut umrühren. Die Garnelen unter ständigem Rühren braten, bis sie rosa sind und sich einrollen (ca. 3 Minuten). Mit Salz und Pfeffer würzen, Petersilie darüber streuen. Heiß servieren.

Für 4 Personen

MUCVER – TÜRKEI

Zucchini-Küchlein

Frittiertes schmeckt in der Regel am besten frisch; in türkischen Cafés wird es jedoch oft auch kalt oder mit einer Cacik aus Joghurt und Gurken serviert. Diese leckeren Zucchini-Küchlein gehören zu den traditionellen Vorspeisen, eignen sich aber auch als Beilage zu Fisch, Geflügel und Lamm.

500 g kleine, grob geraspelte Zucchini
Salz
250 g Fetakäse
6 Frühlingszwiebeln, gehackt
1 Bund frisch gehackter Dill
½ Bund frisch gehackte Minze
1 Bund frisch gehackte glatte Petersilie
3 Eier, leicht verquirlt
150 g Mehl
Frisch gemahlener schwarzer Pfeffer
Öl zum Frittieren

Die leicht gesalzenen Zucchini in ein Sieb oder einen Durchschlag geben, gut durchschütteln und 30 Minuten beiseite stellen, damit sie Feuchtigkeit ziehen können. Danach mit einem Küchentuch trocknen und in eine Schüssel geben. Den Käse über die Zucchini bröckeln, dann Frühlingszwiebeln, Dill, Minze, Petersilie, Eier, Mehl sowie Salz und Pfeffer dazugeben und alles gut vermischen.

Eine Pfanne etwa 6 mm hoch mit Öl füllen und bei mittlerer Temperatur erhitzen. Wenn das Öl heiß ist, die Masse löffelweise in die Pfanne geben. Nicht zu viele Portionen auf einmal in die Pfanne geben, Küchlein portionsweise unter einmaligem Wenden 4-6 Minuten backen, anschließend herausnehmen, zum Abtropfen auf Küchenpapier legen und warm halten, bis der gesamte Teig verarbeitet ist.

Auf einer vorgewärmten Platte anrichten und heiß servieren.

Für 8 Personen als Vorspeise
oder für 4 Personen als Beilage

TORTILLA ESPAÑOLA – SPANIEN

Kartoffelomelett

Diese klassische spanische Vorspeise wird nicht heiß serviert, wie sonst Omeletts, sondern kalt. Der Name Tortilla weist schon auf die flache, tortenartige Form hin. Sie können eine Tortilla auch als leichtes Hauptgericht oder als Teil eines Picknicks servieren. Für die Zubereitung sollte man eine große, beschichtete Pfanne verwenden.

125 ml sowie 3 EL Olivenöl
1 kg Kartoffeln, geschält und in 6 mm dicke Scheiben geschnitten
Salz und frisch gemahlener Pfeffer
2 Zwiebeln, in dünne Scheiben geschnitten
6 Eier, leicht verquirlt
Frisch gehackte glatte Petersilie zur Garnierung
Reichlich Olivenöl zum Braten

In einer großen Pfanne über mittlerer Hitze 125 ml Olivenöl erwärmen. Die Hälfte der Kartoffeln darin unter Wenden anbraten, bis sie weich, aber nicht braun sind (ca. 10-12 Minuten). Dann die Kartoffeln aus dem Öl nehmen und auf einem Teller mit Salz und Pfeffer würzen. Ebenso verfährt man mit den restlichen Kartoffeln. Anschließend Pfanne und Kartoffeln beiseite stellen.

In einer kleinen Pfanne bei mittlerer Hitze 2 Esslöffel Olivenöl erhitzen. Die Zwiebeln dazugeben und dünsten, bis sie weich und goldbraun sind (ca. 15-20 Minuten). Anschließend die Zwiebeln in eine große Schüssel geben und etwas abkühlen lassen. Die Eier unterrühren und mit Salz und Pfeffer würzen. Die Kartoffeln dazugeben und gut mit Ei und Zwiebeln vermengen.

In der großen Pfanne reichlich Öl bei schwacher Hitze erhitzen. Wenn das Öl heiß ist, die Ei-Kartoffel-Mischung hineingeben und so lange garen, bis die Eimasse stockt und die Unterseite goldbraun ist (8-10 Minuten). Nun einen großen, flachen Teller umgekehrt auf die Pfanne legen und Pfanne und Teller gemeinsam wenden, sodass das Omelett auf dem Teller liegt. Einen Esslöffel Olivenöl in die Pfanne geben, das Omelett vom Teller in die Pfanne zurückgleiten lassen und nochmals 4 Minuten garen.

Das Omelett wieder auf den Teller geben, mit Petersilie bestreuen und heiß oder kalt servieren.

Für 6 bis 8 Personen

BUÑUELOS – PORTUGAL

Stockfisch-Bällchen

Diese knusprigen, frittierten Fischbällchen zählen in Portugal zu den beliebtesten Vorspeisen. Der durch Salzen und Trocknen haltbar gemachte Fisch war schon immer ein Grundnahrungsmittel auf der Iberischen Halbinsel und in anderen Mittelmeerländern. Auch in spanischen Tapas-Restaurants wird diese Delikatesse sehr häufig angeboten.

250 g Stockfisch (gesalzener, getrockneter Kabeljau)
2 ungeschälte Kartoffeln (Gesamtgewicht gut 300 g)
bei Bedarf etwas Milch
2 EL Olivenöl sowie Oliven- oder Pflanzenöl zum Frittieren
1 kleine Zwiebel, fein gehackt
2 Eier
3 EL frisch gehackte glatte Petersilie
3 EL frisch gehacktes Koriandergrün
1 Prise gemahlener Cayennepfeffer
Frisch gemahlener schwarzer Pfeffer

Den Stockfisch in einer Schüssel mit Wasser bedeckt 36-48 Stunden kühl stellen; während dieser Zeit das Wasser 5–6-mal wechseln. Anschließend den Fisch gut abtropfen lassen, mit kaltem Wasser abspülen, mit Wasser bedeckt in einen Topf geben und langsam zum Kochen bringen. Bei schwacher Hitze vorsichtig garen, bis der Fisch sich leicht mit der Gabel zerteilen lässt (15-20 Minuten).

Inzwischen die Kartoffeln in sprudelndem Wasser 15-20 Minuten garen. Danach abgießen, pellen und in einer Schüssel mit dem Stampfer oder einer Gabel zu Mus verarbeiten und beiseite stellen. Den gegarten Fisch abgießen und abkühlen lassen. Mit den Fingern zerzupfen und dabei Gräten, Hautstückchen und harte Teile entfernen. Ein Stück Fisch probieren. Falls er noch zu salzig schmeckt, Milch erhitzen und den Fisch noch 30 Minuten mit Milch bedeckt stehen lassen. Anschließend die Milch abgießen.

Den Fisch in der Küchenmaschine durch kurzes An- und Abstellen grob zerkleinern und in eine Schüssel geben.

In einer kleinen Pfanne über mittlerer Hitze 2 Esslöffel Olivenöl erwärmen. Die Zwiebel hineingeben und etwa 8 Minuten andünsten, bis sie weich ist. Den Knoblauch hinzufügen und etwa 2 Minuten andünsten. Die Pfanne vom Herd nehmen.

Die Kartoffeln und die Zwiebel zum Fisch geben und alles gut vermengen. Die verquirlten Eier sowie Petersilie und Koriander unterziehen. Die Masse mit Cayenne- und schwarzem Pfeffer würzen (sie soll gerade so fest sein, dass sie formbar ist, bei Bedarf etwas Milch unterziehen). Mit einem Löffel Bällchen von etwa 2,5 cm Durchmesser formen.

Eine tiefe schwere Pfanne etwa 7,5 cm hoch mit Öl füllen und das Öl auf 190 Grad C erhitzen. (Das Öl ist heiß genug, wenn es sofort zischt, sobald man ein Stück Frittiergut hineingibt.) Jeweils einige Bällchen ins Öl geben und unter gelegentlichem Wenden etwa 4 Minuten frittieren, bis sie goldbraun sind. Mit der Schaumkelle herausnehmen und auf Küchenpapier abtropfen lassen. Warm stellen, bis das gesamte Frittiergut verarbeitet ist.

Auf einer vorgewärmten Platte heiß servieren.

Für 6 bis 8 Personen

DOLMADES – GRIECHENLAND

Gefüllte Weinblätter

Ohne Dolmas, gefüllte Wein- oder Kohlblätter, ist die griechische Vorspeisenplatte unvollständig. Die beliebten Weinblätter mit Reisfüllung, Dolmades genannt, werden gewöhnlich kalt mit Zitronenschnitzen oder Joghurt serviert.

220 g Langkornreis, am besten Basmati
45 g Korinthen
30 g Pinienkerne (wahlweise)
180 ml Olivenöl
300 g fein gehackte Zwiebeln
Salz
90 g fein gehackte Frühlingszwiebeln
1 TL gemahlener Piment
1 TL gemahlener Zimt
90 g Tomaten ohne Haut und Kerne (frisch oder aus der Dose) nach Belieben
1 Bund frisch gehackte glatte Petersilie
1 Bund frisch gehackte Minze oder Dill
180 ml heißes Wasser
Frisch gemahlener schwarzer Pfeffer
36 Weinblätter, in Salzlake eingelegt, sowie Weinblätter zum Auslegen der Pfanne (nach Belieben)
500 ml kochendes Wasser
Frisch gepresster Zitronensaft sowie Zitronenschnitze zum Servieren

Den Reis mit kaltem Wasser bedeckt 30 Minuten in einer Schüssel stehen lassen. Zugleich die Korinthen in einem Schälchen mit heißem Wasser bedeckt 30 Minuten stehen lassen, bis sie sich voll gesogen haben. Beides abgießen und beiseite stellen.

Falls Pinienkerne verwendet werden, den Backofen auf 180 Grad C vorheizen, die Kerne in einem kleinen Topf in den Ofen geben und 6-8 Minuten anrösten, anschließend bereitstellen.

In einer großen Pfanne bei mittlerer Hitze 120 ml Olivenöl erwärmen. Die gehackte Zwiebel mit 1 Teelöffel Salz hineingeben und etwa 5 Minuten andünsten, dann die Frühlingszwiebeln dazugeben und alles noch etwa 5 Minuten dünsten. Piment, Zimt und den abgetropften Reis hinzufügen und unter Rühren noch etwa 4 Minuten anbraten, bis die Reiskörner glasig werden. Petersilie, Minze oder Dill, Korinthen und heißes Wasser sowie gegebenenfalls die gehackten Tomaten dazugeben und alles ohne Deckel etwa 10 Minuten kochen, bis das Wasser absorbiert und der Reis halb gar ist. Nun gegebenenfalls die Pinienkerne unterrühren, mit Salz und Pfeffer abschmecken und abkühlen lassen.

Die Weinblätter mit kaltem Wasser abspülen und die Stiele abschneiden. Portionsweise einige Blätter mit der glänzenden Seite nach unten auf die Arbeitsfläche legen. Löffelweise die Reisfüllung nahe dem Stiel auf die Blätter verteilen. Das untere Ende der Blätter über die Füllung falten, die Seiten nach innen klappen und die Blätter aufrollen. Die Blätter nicht zu stramm rollen, da sich der Reis beim Kochen noch ausdehnt. Die Röllchen mit der Naht nach unten beiseite legen.

Wenn alle Blätter gefüllt sind, eine tiefe Pfanne oder eine ausreichend große Auflaufform nach Wunsch mit weiteren Weinblättern auslegen. Die gefüllten Blätter mit der Naht nach unten in die Pfanne legen und einen schweren Teller darauf stellen, damit sich die Blätter beim Kochen nicht entrollen. Nun das kochende Wasser und die restlichen 60 ml Olivenöl in die Form gießen.

Das Ganze bedeckt bei sehr schwacher Hitze dünsten, bis der Reis und die Blätter weich sind (ca. 45 Minuten). Vom Herd nehmen und den Teller entfernen. Mit Zitronensaft beträufeln, abkühlen lassen und mit Zitronenschnitzen servieren. Oder abgedeckt und gekühlt bis zu 2 Tage lang aufbewahren. Vor dem Servieren auf Zimmertemperatur bringen.

Ergibt 36 Stück

Ούζο
MINI
40% vol.
ΕΛΛΗΝΙΚΟ
ΠΡΟΪΟΝ

SAGANAKI – GRIECHENLAND

Gebratener Käse

Dieses Gericht gehört in jede Taverna und hat seinen Namen von der zweigriffigen Pfanne, in der es zubereitet wird. Um des Effektes willen flambieren manche Köche den Käse noch in Brandy; das hat auf den Geschmack wenig Einfluss, kann aber dazu führen, dass der Käse hart wird. Der Käse wird mit grob gemahlenem schwarzem Pfeffer und frischem Brot serviert, als Getränk gibt es einen großzügig eingeschenkten Ouzo.

250 g Kefalotiri- oder Kasseri-Käse (erhältlich in griechischen Lebensmittelgeschäften, ersatzweise Gruyère)
Etwa 45 g Mehl
1 TL frisch gemahlener schwarzer Pfeffer
Olivenöl zum Braten
1 TL getrockneter Oregano
2 TL frisch gepresster Zitronensaft sowie Zitronenschnitze zum Servieren

Den Käse in etwa 12 mm dicke, 7,5 cm lange und 5 cm breite Scheiben schneiden und mit kaltem Wasser abspülen, um überschüssiges Salz zu entfernen. Mit Küchenpapier abtrocknen. Das Mehl auf einen Teller geben und mit Pfeffer würzen. Die Käsescheiben darin wälzen, bis sie gleichmäßig überzogen sind.

Eine große schwere Pfanne 6 mm hoch mit Olivenöl füllen. Das Öl bei starker Hitze sehr heiß werden lassen; es sollte aber noch nicht rauchen. Vorsichtig die Käsescheiben ins Öl geben und unter einmaligem Wenden braten, bis sie goldbraun sind (2 Minuten pro Seite). Die Scheiben herausheben, auf Küchenpapier abtropfen lassen und warm halten.

Den Käse auf einem vorgewärmten Teller anrichten, Oregano darüber streuen und mit Zitronensaft beträufeln. Heiß mit Zitronenschnitzen garniert servieren.

Für 4 Personen

MIDYE TAVASI – TÜRKEI

Frittierte Muscheln in Nuss-Soße

Diese knusprigen Muscheln sind an den türkischen Hafenpromenaden und Märkten ein beliebtes Gericht. Die dazugehörige Soße kann statt mit Walnüssen auch mit Haselnüssen angedickt werden; sie passt auch gut zu gekochten Gemüsen und Fisch.

125 g Walnüsse
1 TL fein gehackter Knoblauch
90 g frische Brotkrumen (oder Paniermehl)
80 ml Olivenöl
3 EL Rot- oder Weißweinessig oder frischer Zitronensaft
Salz und frisch gemahlener schwarzer Pfeffer zum Abschmecken
40 große Miesmuscheln in der Schale
250 ml Wasser
250 g Mehl
Öl zum Frittieren

Zehn kleine Holzspieße mindestens 30 Minuten wässern.

Für die Soße den Backofen auf 180 Grad C vorheizen, die Walnüsse auf ein Backblech geben und 8-10 Minuten im Ofen rösten. Abkühlen lassen und zusammen mit Knoblauch und Brotkrumen in der Küchenmaschine zerkleinern. Olivenöl und Essig oder Zitronensaft dazugeben und alles pürieren, gegebenenfalls mit Wasser verdünnen, um eine halbflüssige Konsistenz zu erreichen. Mit Salz und Pfeffer, eventuell auch mit Essig oder Zitronensaft abschmecken, in eine Schale füllen und beiseite stellen.

Alle Muscheln, die sich bei Berührung nicht schließen, aussortieren, die restlichen unter fließendem Wasser gründlich abbürsten.

Einen großen Topf 2,5 cm hoch mit Wasser füllen und die Muscheln hineingeben. Bei großer Hitze abgedeckt kochen, bis die Muscheln sich öffnen (etwa 3-4 Minuten). Die Muscheln abgießen und diejenigen aussortieren, die sich nicht geöffnet haben. Die anderen aus den Schalen lösen und vorsichtig die Bärte entfernen. Die Spieße abtrocknen und jeweils 4 Muscheln auf einen Spieß stecken.

In einer großen, flachen Schale Wasser und Mehl zu einem dünnflüssigen Teig verrühren und beiseite stellen.

Eine tiefe Pfanne oder einen Wok zu 5-7,5 cm mit Öl füllen und das Öl auf 190 Grad C erhitzen (das Öl muss zischen, wenn man eine kleine Menge Teig hineintropfen lässt).

Portionsweise die Spieße in den Teig tauchen und ins Öl geben. 2-3 Minuten unter gelegentlichem Wenden frittieren, bis sie gleichmäßig goldbraun sind. Mit einer Zange herausnehmen, zum Abtropfen auf Küchenpapier legen und warm stellen, bis alle Spieße frittiert sind.

Auf einem Teller anrichten und zusammen mit der Soße heiß servieren.

Für 4 bis 8 Personen

SALATA MELITZANO – GRIECHENLAND

Auberginen-Püree

Obwohl üblicherweise als Salat bezeichnet, wird dieses Püree in der Regel mit Tomatenscheiben, Oliven und Brot als Aufstrich serviert. Wenn Sie ein leicht rauchiges Aroma schätzen, grillen Sie die Auberginen auf dem Holzkohlengrill. Wenn Sie einen milderen Geschmack bevorzugen, garen Sie sie im Backofen.

750 g Joghurt
3 große Auberginen (insgesamt 1,25-1,5 kg)
3 EL frisch gepresster Zitronensaft
3 Knoblauchzehen
Salz
80 ml Olivenöl
75 g Walnüsse, fein gehackt (nach Belieben)
1-2 Prisen Cayennepfeffer oder fein gehackte frische Chilischoten (nach Belieben)
Frisch gemahlener schwarzer Pfeffer
Frisch gehackte glatte Petersilie zum Garnieren

❋ Joghurt in ein mit Mull ausgekleidetes Sieb geben und dieses über eine Schüssel hängen. An einem kühlen Platz, am besten im Kühlschrank, 4-6 Stunden abtropfen lassen. Es sollten 250-375 g Joghurt übrig bleiben.

❋ Den Grill des Backofens oder einen Holzkohlengrill vorheizen. Die Auberginen von allen Seiten mit der Gabel einstechen, unter bzw. auf den Grill legen und so lange grillen, bis sie Blasen werfen und schwarze Stellen bekommen. Sie sollten durch und durch weich sein, wenn man mit dem Messer hineinsticht. (Wenn sie zu schnell dunkel werden, ohne zu garen, in den auf 200 Grad C vorgeheizten Backofen schieben.) Beiseite stellen und abkühlen lassen.

❋ Die Auberginen halbieren, das Innere mit dem Löffel herauskratzen und die Kerne so vollständig wie möglich entfernen.

❋ Die Fruchtfleischmasse in der Küchenmaschine zu einem feinen Püree verarbeiten. (Wer ein etwas groberes Püree bevorzugt, kann das Fruchtfleisch auch auf einem Holzbrett mit dem Messer hacken.) Das Püree und den Zitronensaft in eine Schale geben und gründlich verrühren.

❋ In einem Mörser den Knoblauch zusammen mit einem Teelöffel Salz zerstampfen und gemeinsam mit dem Olivenöl, dem Cayennepfeffer oder gehackter Chilischote und gegebenenfalls den Nüssen in das Auberginenpüree geben. Alles gut vermengen und mit Salz und Pfeffer abschmecken. Mit Petersilie garniert servieren.

Für 4 bis 6 Personen

LAHMACUN – TÜRKEI

Lamm-Pizza

Fleischpizzen sind in Cafés in Syrien, im Libanon und in Israel, aber auch in der Türkei ein beliebtes Gericht. Der Boden ist eine Mischung aus italienischem Pizzateig und türkischem Pide-Brot. Man kann daraus auch kleine Fladen von 10 cm Durchmesser formen. Wer es gerne scharf hat, gibt Pfefferschoten dazu.

Für den Vorteig:
1 Tüte Trockenhefe (2½ TL)
1 TL Zucker
125 ml lauwarmes Wasser
75 g Mehl

Für den Teig:
700 g Mehl
2 TL Salz
2 TL Olivenöl
375 ml lauwarmes Wasser

Für den Belag:
2 EL Olivenöl
1 große Zwiebel, fein gehackt
4 Knoblauchzehen, gehackt
500 g Lammhack
280 g geschälte, entkernte, gehackte Tomaten
60 g milde grüne Chilischoten, gehackt (nach Belieben)
½ TL gemahlener Piment
1 TL gemahlener Zimt
1 Bund frische glatte Petersilie, gehackt
Salz und frisch gemahlener schwarzer Pfeffer
30 g Pinienkerne
Olivenöl, um den Teig zu bestreichen
½ Bund frische Minze, gehackt

❖ Für den Vorteig Hefe und Zucker in einer kleinen Schale in lauwarmem Wasser auflösen. Das Mehl unterrühren und das Ganze 5 Minuten warm stellen, bis es blasig wird.

❖ Für die Zubereitung in der Küchenmaschine das Mehl in die Rührschüssel geben. Vorteig, Salz, Olivenöl und lauwarmes Wasser dazugeben und vorsichtig vermischen. Dann mit dem Knethaken bei mittlerer Geschwindigkeit so lange durcharbeiten (5-6 Minuten), bis ein weicher, elastischer Teig entsteht, der sich leicht von der Schüssel löst.

❖ Für die Zubereitung von Hand das Mehl in eine große Schüssel geben und Vorteig, Salz, Olivenöl und lauwarmes Wasser dazugeben. Alles vermischen, bis ein weicher Teig entsteht. Den Teig auf ein bemehltes Brett geben und 10-12 Minuten kneten, bis er homogen und elastisch ist.

❖ Den Teig zu einer Kugel formen, in eine geölte Schüssel geben und darin wälzen, bis er von einem Ölfilm überzogen ist. Abgedeckt an einem warmen Ort gehen lassen, bis er sein Volumen verdoppelt hat (45-60 Minuten).

❖ Währenddessen zur Zubereitung des Belags in einer großen Pfanne über mittlerer Hitze das Olivenöl erwärmen. Die Zwiebel hineingeben und 10 Minuten dünsten. Knoblauch und Lammhack hinzufügen, die Temperatur hochschalten und alles etwa 5-8 Minuten anbraten. Tomaten, gegebenenfalls Pfefferschoten, Piment und Zimt dazugeben und unter gelegentlichem Rühren in der offenen Pfanne etwa 30 Minuten garen. Die Mischung sollte sehr fest sein. Die Hälfte der Petersilie dazugeben, mit Salz und Pfeffer abschmecken und abkühlen lassen.

❖ Inzwischen den Teig auf einer leicht bemehlten Fläche nochmals kurz durchkneten. In zwölf Teile teilen und dann zu Kugeln formen. Die Kugeln mit einem Küchentuch bedeckt 30 Minuten ruhen lassen.

❖ Den Backofen auf 180 Grad C vorheizen. Die Pinienkerne in einem kleinen Topf 6-8 Minuten im Herd anrösten und dann abkühlen lassen.

❖ Die Ofentemperatur auf 200 Grad C hochstellen und aus den Teigkugeln Fladen von circa 15 cm Durchmesser formen. Die Fladen in ausreichendem Abstand auf das Backblech legen und mit Olivenöl bepinseln. Die Fleischauflage gleichmäßig auf die Fladen verteilen, dabei einen 12 mm breiten Rand unbedeckt lassen. Mit Pinienkernen bestreuen.

❖ Etwa 6 Minuten lang backen, bis der Teig goldfarben ist. Mit der restlichen Petersilie und Minze bestreuen und heiß servieren.

Ergibt 12 Pizzen von 15 cm Durchmesser

SIGARA BOREGI – TÜRKEI

Käsetaschen

Diese beliebten, käsegefüllten Pasteten sind normalerweise dreieckig – ebenso lecker sind sie aber in der hier vorgeschlagenen länglichen Form. Man kann sie bis zu zwei Tage im Voraus herstellen und gekühlt aufbewahren. Dazu legt man sie abgedeckt nebeneinander auf ein mit Backpapier bedecktes Backblech. Die Käsetaschen werden dann erst unmittelbar vor dem Servieren frittiert.

185 g Fetakäse, zerbröselt
185 g Hüttenkäse
2 Eier, leicht verquirlt
1 Bund glatte Petersilie, gehackt
2 EL frisch gehackter Dill
¼ TL frisch geriebene Muskatnuss
Salz und frisch gemahlener schwarzer Pfeffer
9 Lagen Filoteig (ca. 185 g; in griechischen oder türkischen Läden erhältlich, falls tiefgefrorener verwendet wird, vorher im Kühlschrank auftauen)
60 g zerlassene Butter
Öl zum Frittieren

In einer Schüssel Fetakäse mit dem Hüttenkäse sowie Eiern, Petersilie, Dill und Muskatnuss vermischen und vorsichtig mit Salz und Pfeffer würzen.

Den fertigen Filoteig als Stapel auf eine ebene Arbeitsfläche legen und in Quadrate von etwa 15 cm Seitenlänge schneiden. Die Teigstapel mit einem feuchten Küchentuch oder Plastikfolie abdecken, damit sie nicht austrocknen. Nun die einzelnen Teigstücke nacheinander wie folgt bearbeiten: Je ein Teigstück mit zerlassener Butter bestreichen und einen schmalen Streifen der Käsemischung (2-3 Esslöffel) entlang der Unterkante auf den Teig geben, dabei einen Streifen von etwa 2 cm entlang der Unterkante sowie an beiden Seiten frei lassen. Die Seiten nach innen falten, die Unterkante über die Füllung klappen und nach oben einrollen. Die Naht der Teigrolle mit etwas Wasser verkleben. Fortfahren, bis Teigstücke und Füllung verbraucht sind.

Eine Pfanne 6 cm hoch mit Öl füllen, Öl auf 180 Grad C erhitzen. (Eine Teigprobe muss in wenigen Minuten goldbraun sein.) Die Teigrollen vorsichtig in das heiße Öl geben und unter Wenden frittieren, bis sie gleichmäßig goldbraun sind (ca. 5 Minuten). Nicht zu viele Rollen auf einmal in die Pfanne geben. Die Teigrollen herausnehmen und auf Küchenpapier abtropfen lassen.

Auf einer vorgewärmten Platte heiß servieren.

Ergibt 36 Rollen

SPANOKOPITA – GRIECHENLAND

Spinat-Pasteten

Diese Pasteten gehören zu den bekanntesten griechischen Gerichten und eignen sich als Beilage oder auch als Hauptgericht. Die gleiche Füllung kann auch für »Tiropetes« verwendet werden, dreieckige Teigtaschen, die aus 7,5 cm langen, mit Butter bestrichenen Streifen aus Filoteig gefaltet werden. Die Backzeit beträgt dann 10-15 Minuten.

750 g Blattspinat
3 EL Olivenöl
45 g frisch gehackte Frühlingszwiebeln
20 g frisch gehackte glatte Petersilie
20 g frisch gehackter Dill
375 g Fetakäse, zerbröselt
250 g Hüttenkäse
3 Eier, leicht verquirlt
1 TL frisch geriebene Muskatnuss
Salz und frisch gemahlener Pfeffer
18 Blätter Filoteig (375 g; in griechischen oder türkischen Geschäften erhältlich, falls tiefgekühlter verwendet wird, zuvor im Kühlschrank auftauen)
125 g zerlassene Butter

Die Spinatblätter von Stielen befreien, gründlich abspülen und grob zerhacken. Abtropfen lassen und beiseite stellen.

In einer großen Pfanne bei mittlerer Hitze das Olivenöl erwärmen, die Frühlingszwiebeln hineingeben und etwa 5 Minuten andünsten; dann in eine Schüssel geben.

Den Spinat in dieselbe Pfanne geben und bei großer Hitze unter Wenden ca. 4 Minuten garen (der Spinat gart in der eigenen Flüssigkeit). In ein Sieb geben, abtropfen lassen und dabei mit einem Löffel gut ausdrücken.

Den Spinat grob hacken und zu den Frühlingszwiebeln geben. Petersilie, Dill und Fetakäse dazugeben. Ist der Feta zu salzig, Hüttenkäse dazugeben, um den Geschmack zu mildern. Eier und Muskatnuss unterrühren und alles mit Salz und Pfeffer abschmecken. Beiseite stellen.

Eine feuerfeste Form (28 x 40 x 6 cm) einfetten. Fertigteig aus der Packung nehmen und mit einem feuchten Tuch oder Plastikfolie abdecken, damit er nicht austrocknet. Eine Lage Strudelteig in die Form legen und mit Butter bepinseln. Mit acht weiteren Lagen ebenso verfahren. Dann die Spinatmischung auf den Teig geben. Darüber die restlichen neun Lagen gebutterten Teig breiten. Die Form abgedeckt 30 Minuten kalt stellen, bis die Butter fest wird.

Den Backofen auf 180 Grad C vorheizen.

Mit einem scharfen Messer die Pastete in 16 gleiche Teile schneiden und im Backofen etwa 30 Minuten goldbraun backen. Aus dem Herd nehmen und etwa 5 Minuten stehen lassen. Dann die Pastete noch einmal nachschneiden und heiß servieren.

Ergibt 16 Stück

Suppen und Gemüse

Wenn Sie in einer Taverne im Mittelmeerraum eine Suppe bestellen, wird kaum je eine verfeinerte Brühe auf den Tisch kommen. Meistens sind es herzhafte Gerichte, gehaltvoll zubereitet auf einer Basis von weißen Bohnen, Linsen, Reis, Nudeln oder altbackenem Brot, oder sie sind mit Klößchen, Fleisch oder Fisch angereichert. Diese robusten Gerichte sind zum Sättigen da, nicht um den Appetit anzuregen. Mit einem kleinen Häppchen vorweg und einem würzigen Landbrot dazu können sie eigenständige Mahlzeiten darstellen.

Auch frisches Gemüse hat seinen festen Platz in der Mittelmeer-Küche. Es ist nicht nur in Suppen und Eintöpfen beliebt, man isst es auch pur, nur mit etwas Olivenöl beträufelt oder zusammen mit Reis oder Getreide.

Ein köstlicher Pilaw mit Tomaten und Auberginen wird gerne auch als Hauptgericht serviert. Das Gleiche gilt für gefüllte Tomaten oder Paprikaschoten, die in der Backform serviert werden, vom Öl schimmernd. Beilagen wie Spinat werden extra gereicht, mit einigen Zitronenschnitzen garniert. Und gebackenes Gemüse wird direkt aus dem Topf serviert, brennend heiß und mit einem pikanten Dip. Ein einfacher griechischer Salat wird mühelos zur Delikatesse, da er in jedem Fall nur aus den besten, frischesten Zutaten gemacht wird.

GAZPACHO ANDALUZ – SPANIEN

Gekühlte Tomatensuppe

Diese Bauernsuppe aus Andalusien wurde ursprünglich aus Brotkrumen, Wasser, Öl und Essig hergestellt. Erst nachdem die Konquistadoren aus der Neuen Welt Tomaten und Paprika eingeführt hatten, wurde die erfrischende Sommersuppe erfunden, die wir heute unter diesem Namen kennen.

2 Scheiben altbackenes Weißbrot ohne Rinde
1 kleine Zwiebel, gehackt
2 Knoblauchzehen, fein gehackt
1 kleine Gurke, geschält, entkernt und grob gehackt
1 kg frische reife Tomaten, geschält, entkernt und grob gehackt
2 kleine grüne Paprikaschoten, entkernt, geputzt und grob gehackt
90 ml kaltgepresstes Olivenöl
3 EL Rotweinessig
Salz und frisch gemahlener schwarzer Pfeffer
Eiswasser bzw. eine Mischung aus Eiswasser und gekühltem Tomatensaft (falls nötig)

Für die Knoblauch-Croûtons:
2 Scheiben Weißbrot
60 ml Olivenöl
1 TL gehackter Knoblauch

Die entrindeten Brotscheiben in einer Schüssel 3-5 Minuten in Wasser einweichen. Das Brot herausnehmen und mit den Händen ausdrücken. Das eingeweichte Brot, Zwiebel, Knoblauch, Gurke, die meisten Tomaten sowie eine Paprikaschote in die Küchenmaschine geben und nach Belieben fein oder grob zerkleinern. Anschließend in eine Schüssel geben.

Die restlichen Tomaten und die zweite Paprikaschote fein hacken und dazugeben. Olivenöl und Essig unterziehen und die Suppe mit Salz und Pfeffer abschmecken. Wenn sie zu dick ist, etwas Eiswasser bzw. eine Mischung aus Eiswasser und Tomatensaft unterziehen. Abdecken und gut durchkühlen lassen. Die Suppe hält sich bis zu drei Tagen.

Für die Knoblauch-Croûtons das Brot in Würfel von 12 mm Seitenlänge schneiden. In einer großen Pfanne das Olivenöl bei mittlerer Hitze erwärmen, dann den Knoblauch dazugeben und unter Rühren ca. 1 Minute andünsten. Das Brot dazugeben und 4-5 Minuten braten, bis es von allen Seiten goldbraun ist. Die Croûtons mit einem Schaumlöffel herausnehmen und auf Küchenpapier abtropfen lassen.

Die Suppe in vorgekühlte Schalen füllen und mit Croûtons bestreut servieren.

Für 4 Personen

Vino

AÇORDA À ALENTEJANA – PORTUGAL

Brotsuppe mit Ei

Diese Suppe aus der portugiesischen Provinz Alentejo ist als Sopa Seca oder »trockene Suppe« bekannt, da sie hauptsächlich aus Brot besteht. Zu jeder Portion gehört ein pochiertes Ei, das auf der Suppe liegt und vom Gast mit dem Löffel untergerührt wird.

1 EL fein gehackter Knoblauch
Salz
40 g fein gehacktes Koriandergrün
Cayennepfeffer (wahlweise)
120 ml Olivenöl
3 dicke Scheiben grobes Weißbrot ohne Rinde, in Würfel geschnitten (ca. 375 g)
4 Eier
750 ml-1 l Hühnerbrühe (wahlweise)

In einem Mörser Knoblauch, Salz und 20 g Koriandergrün zu einer Paste zerkleinern. 60 ml Olivenöl löffelweise dazugeben und weiterrühren, bis die Masse cremig wird. Mit Cayennepfeffer würzen. Die Knoblauchpaste in vier vorgewärmte Suppenteller oder -schalen verteilen und warm halten.

Den Backofen auf 180 Grad C vorheizen und die mit dem restlichen Olivenöl benetzten Brotwürfel darin unter Wenden goldbraun rösten (8-10 Minuten).

Die Brotwürfel auf die Suppenteller verteilen und gut in der Knoblauchpaste wenden.

In einem hochwandigen Topf reichlich Wasser sprudelnd zum Kochen bringen. Die Hitze reduzieren, sodass das Wasser eben siedet. Die Eier aufschlagen und vorsichtig aus geringer Höhe ins Wasser geben. Etwa 3 Minuten kochen, bis das Eiweiß stockt, das Eigelb aber noch flüssig ist. Die Eier vorsichtig aus dem Wasser nehmen und auf einem Teller bereitstellen.

Jetzt kann entweder das Wasser, in dem die Eier pochiert wurden, oder die Hühnerbrühe verwendet werden (750 ml-1 l Flüssigkeit). Die Flüssigkeit zum Kochen bringen und so viel davon über die Brotwürfel in den Tellern gießen, dass sie gerade bedeckt sind. Vorsichtig die pochierten Eier auf die Suppe legen, den restlichen Koriander darüber streuen und heiß servieren.

Für 4 Personen

CALDO VERDE – PORTUGAL

Grüne Kohlsuppe

Der dunkelgrüne Kohl aus Galizien, den man in Portugal für diese winterliche Suppe verwendet, ist nicht leicht zu bekommen, aber man kann stattdessen auch Grünkohl verwenden. Ein Schuss Chilisoße rundet den Geschmack der Suppe ab.

60 ml sowie 4 TL Olivenöl
1 große Zwiebel, gehackt
2 Knoblauchzehen, fein gehackt
3 große Kartoffeln (500 g) geschält und in 6 mm Scheiben geschnitten
1,5 l Wasser
Salz
375 g Grünkohl
125 g iberische Wurst (Chouriço oder Linguiça, Chorizo oder ersatzweise Kabanossi)
Frisch gemahlener schwarzer Pfeffer

In einem großen Topf bei mittlerer Hitze 60 ml Olivenöl erwärmen und die Zwiebel darin weich dünsten (ca. 8 Minuten). Knoblauch und Kartoffeln dazugeben und bei mittlerer Hitze noch einige Minuten braten. Dann das Wasser und 2 Teelöffel Salz dazugeben und die Kartoffeln ca. 20 Minuten zugedeckt garen.

Währenddessen den Kohl gründlich abspülen, abtropfen lassen und die harten Stiele entfernen. Die Blätter stapelweise aufrollen, quer in dünne Streifen schneiden und beiseite stellen.

In einer Pfanne bei mittlerer Hitze die Wurst in etwas Öl von allen Seiten anbraten und etwa 10 Minuten garen, bis sie fest ist. Abkühlen lassen, in 12 mm dicke Scheiben schneiden und beiseite stellen.

Die gegarten Kartoffeln vom Herd nehmen und ohne das Kochwasser abzugießen mit einem Stampfer im Topf zu Püree verarbeiten. Den Topf bei schwacher Hitze auf den Herd zurückstellen, die Wurstscheiben dazugeben und unter Rühren 5 Minuten garen. Den Kohl darunter mischen und alles im offenen Topf weitere 3-5 Minuten garen, wobei das Gericht nicht verkochen soll, die Kohlblätter grün bleiben und noch Biss haben. Mit Salz und Pfeffer abschmecken.

Die Suppe in vorgewärmte Teller füllen, einen Teelöffel Olivenöl darüber träufeln und heiß servieren.

Für 4 Personen

KAKAVIA – GRIECHENLAND

Fischsuppe

Diese Suppe verdankt dem Topf, in dem sie gekocht wird – Kakavi – ihren Namen. Man kann auch eine etwas luxuriösere Version zubereiten und dazu Austern und Jakobsmuscheln anstelle von Muscheln und Garnelen verwenden. Kakavia kann als gehaltvoller erster Gang oder auch als Hauptgericht serviert werden. Dazu passt gut Röstbrot in dicken Scheiben.

1 kg Miesmuscheln
2 kg verschiedene Fischfilets (z.B. Barsch, Flunder, Schellfisch, Heilbutt, Kabeljau)
Salz
150 ml Olivenöl
220 g Zwiebeln in Scheiben
90 g Porree, in Ringe geschnitten
4 Knoblauchzehen, fein gehackt
2 Selleriestangen, gehackt
280 g Tomaten, gehäutet, entkernt und gehackt (frisch oder aus der Dose)
4 frische Thymianzweige
1 Lorbeerblatt
1 Bund glatte Petersilie, gehackt
250 ml trockener Weißwein
1,75 l Wasser
500 g Garnelen (roh, geschält und entdarmt)
Frisch gepresster Zitronensaft
Frisch gemahlener Pfeffer

Alle Muscheln aussortieren, die sich bei Berührung nicht schließen; die anderen unter fließendem Wasser gründlich abbürsten und die Bärte entfernen. In einer Schale kalt stellen.

Die Fischfilets in Würfel von 4 cm Seitenlänge schneiden, auf einen Teller geben, salzen und kalt stellen.

In einem großen Topf bei mittlerer Hitze das Olivenöl erwärmen, Zwiebeln und Porreeringe hineingeben und etwa 8 Minuten dünsten. Knoblauch, Sellerie, Tomaten, Thymian, Lorbeerblatt und die Hälfte der Petersilie dazugeben und alles noch weitere 2 Minuten dünsten.

Wein und Wasser hinzufügen und die Suppe bei starker Hitze zum Kochen bringen. Hitze reduzieren und alles etwa 15 Minuten sieden lassen. Den Fisch dazugeben, nach weiteren 5 Minuten die Garnelen und Muscheln. Die Suppe abdecken und kochen lassen, bis die Muscheln aufgegangen sind (3-4 Minuten). Muscheln, die sich nicht geöffnet haben, aussortieren.

Mit Zitronensaft, Salz und Pfeffer abschmecken und in vorgewärmte Schalen füllen. Mit der restlichen Petersilie bestreuen und heiß servieren.

Für 12 Personen als Vorspeise, für 6 Personen als Hauptgericht

YIOUVARLAKIA SOUPA AVGOLEMONO – GRIECHENLAND

Zitronensuppe mit Fleischbällchen

Avgolemono ist die griechische Bezeichnung für die Ei-Zitronen-Mischung, die man in den Mittelmeerländern zum Andicken von Suppen und Soßen verwendet. In der Türkei heißt diese Mischung Terbiyeli. Die einfachste Variante der Suppe enthält nur Reis, andere Rezepte verwenden Huhn und Reis, Porree und Sellerie und sogar Fisch. Mit Fleischbällchen ist die Suppe besonders pikant und sättigend.

500 g mageres Hackfleisch (vom Rind oder Lamm)
150 g sehr fein gehackte Zwiebeln
75 g Langkornreis oder
60 g feine Brotkrumen
1 Bund frische glatte Petersilie, gehackt
2 TL frisch gehackte Minze oder Dill
3 Eier
Salz und frisch gemahlener Pfeffer
1,5 l Hühnerbrühe
60 ml frisch gepresster Zitronensaft

In einer Schüssel Fleisch, Zwiebeln, Reis oder Brotkrumen, die Hälfte der Petersilie, Minze oder Dill sowie ein Ei vermischen, mit Salz und Pfeffer würzen und von Hand gut durchkneten. Kleine Fleischbällchen (12 mm Durchmesser) daraus formen.

In einem großen Topf bei mittlerer Hitze die Hühnerbrühe zum Kochen bringen. Fleischbällchen hineingeben, die Hitze reduzieren, einen Deckel auf den Topf geben und die Bällchen vorsichtig bei geringer Hitze garen (25-30 Minuten).

In einer Schüssel die beiden restlichen Eier sehr schaumig schlagen und nach und nach den Zitronensaft unterziehen. Dann vorsichtig noch 375 ml der heißen Suppe unterziehen; dabei ständig rühren, damit das Ei nicht gerinnt. Durch diese Maßnahme wird verhindert, dass die Eimixtur später gerinnt, wenn man sie in die Suppe gibt. Die Mischung ständig rühren, bis sie dicklich wird, und dann langsam in die heiße Suppe einrühren. Die Suppe noch einmal erhitzen, sie darf aber nicht mehr kochen.

In vorgewärmte Schalen oder Teller geben und mit der restlichen Petersilie garnieren. Heiß servieren.

Für 6 Personen

HORIATIKI SALATA – GRIECHENLAND

Griechischer Salat

Diesen einfachen Salat bekommt man in jeder griechischen Taverne, er stellt in diesem Sinne kein kulinarisches Neuland dar. Die frischen Tomaten und Gurken Griechenlands verleihen ihm seinen unnachahmlichen Geschmack. Die Zutaten sollten von allerbester Qualität sein. Meist wird der Salat nur mit kaltgepresstem Olivenöl angemacht, aber auch frisch gepresster Zitronensaft oder Essig passen dazu.

Für die Salatsoße:
125 ml kaltgepresstes Olivenöl
2-3 EL frisch gepresster Zitronensaft
3 EL getrockneter Oregano
Grob gemahlener schwarzer Pfeffer
1 Knoblauchzehe, fein gehackt (wahlweise)

Für den Salat:
60-90 g verschiedene gewaschene, zerzupfte Blattsalatsorten (Kopfsalat, Endivie, Frisée, Radicchio)
4 kleine reife Tomaten, entkernt und in Schnitze geschnitten
1 große Salatgurke, geschält, entkernt und grob geschnitten
1 rote Zwiebel, geschält und in dünne Ringe geschnitten
2 kleine grüne Paprikaschoten, entkernt, geputzt und quer in dünne Ringe geschnitten
250 g Fetakäse, grob zerkrümelt
20 Kalamata-Oliven

Für die Salatsoße in einer Schale Olivenöl, Zitronensaft, Oregano, frisch gemahlenen Pfeffer und gegebenenfalls Knoblauch vermischen. Beiseite stellen.

Blattsalate, Tomaten, Gurken, Zwiebeln und Paprika in eine große Salatschüssel geben, mit dem Dressing begießen und das Ganze vorsichtig durchmischen. Zerbröckelten Fetakäse und Oliven darüber streuen und servieren.

Für 4 Personen

ESPINACAS CON PASAS Y PIÑONES – SPANIEN

Spinat mit Rosinen und Pinienkernen

Dieses spezielle Rezept stammt, darauf deutet der Name hin, aus Spanien; es gibt aber in Italien, Griechenland und der Türkei ähnliche Gerichte. Die Kombination von Nüssen und Trockenfrüchten weist auf arabische Ursprünge hin. Besonders große Spinatblätter sollte man zerschneiden oder zerzupfen, da sie sich dann schneller zubereiten und leichter essen lassen.

45 g Rosinen
30 g Pinienkerne
3 EL Olivenöl
1 kleine Zwiebel, gehackt
1 kg Blattspinat ohne Stiele, gründlich gewaschen
Salz und frisch gemahlener schwarzer Pfeffer

Die Rosinen mit etwas heißem Wasser in eine Schale geben und etwa 20 Minuten stehen lassen, bis sie sich voll gesogen haben.

Inzwischen den Backofen auf 180 Grad C vorheizen. Die Pinienkerne in einem kleinen Topf in den Ofen stellen und 8-10 Minuten rösten, bis sie duften. Beiseite stellen.

In einer großen Pfanne bei mittlerer Hitze das Olivenöl erwärmen, die Zwiebel hineingeben und etwa 10 Minuten andünsten. Sie sollte dann etwas weich sein. Den Spinat dazugeben und unter ständigem Rühren garen, bis er weich ist (ca. 4 Minuten).

Die Rosinen abgießen und mit den Pinienkernen zu dem Spinat in die Pfanne geben. Mit Salz und Pfeffer abschmecken, gut vermischen und heiß servieren.

Für 4 Personen

de Toro

Knoblauch-Pilze

Am besten schmecken diese mit Knoblauch gedünsteten Pilze frisch aus der Pfanne. Aber auch auf Toast oder als Beilage zu gegrilltem Lamm, Rind oder Geflügel schmecken sie besonders köstlich. Variieren lässt sich das Gericht, indem man außer Champignons Waldpilze wie Pfifferlinge, Stockschwämmchen oder Maronen verwendet.

75 ml Olivenöl oder gesalzene Butter und Olivenöl zu gleichen Teilen
2 EL frisch gehackter Knoblauch
45 g gewürfelter durchwachsener Speck oder gekochter Schinken
500 g frische Pilze (s.o.), gebürstet und halbiert, große in Scheiben geschnitten
60 ml trockener Weißwein oder Sherry, bei Bedarf
1 Bund frische glatte Petersilie, gehackt
2 EL frisch gehackter Thymian
Salz und frisch gemahlener schwarzer Pfeffer

Bei mittlerer Hitze in einer großen Pfanne Olivenöl oder eine Mischung aus Olivenöl und etwas Butter erwärmen und Knoblauch sowie Speck oder Schinken 2 Minuten darin anbraten. Hitzezufuhr erhöhen, die Pilze in die Pfanne geben und unter ständigem Rühren 5-8 Minuten dünsten, bis die austretende Flüssigkeit verdampft ist. Falls die Pilze nur sehr wenig Flüssigkeit abgeben, etwas Wein oder Sherry dazugiessen.

Petersilie und Thymian dazugeben und gut unterrühren. Mit Salz und Pfeffer abschmecken und heiß servieren.

Für 4 Personen

IMAM BAYILDI – TÜRKEI

Gefüllte Auberginen

Der Name dieses Gerichts bedeutet im Türkischen »Der Imam wird ohnmächtig«, vermutlich weil er von seinem delikaten Aroma überwältigt war. Wenn möglich, sollte man das Gericht 24 bis 48 Stunden im Voraus zubereiten, dadurch wird der Geschmack milder. Falls man keine kleinen runden Auberginen bekommt, kann man auch die großen nehmen, sie der Länge nach halbieren und zum Füllen die Schnittfläche einritzen.

8 sehr kleine Auberginen im Gesamtgewicht von ca. 1 kg
125 ml Olivenöl
3 große Zwiebeln, geschält, halbiert und in dünne Scheiben geschnitten
375 g Tomaten, geschält, entkernt und gehackt (frisch oder aus der Dose)
12 Knoblauchzehen, fein gehackt
Salz und frisch gemahlener schwarzer Pfeffer
1 Prise Zucker
1 Bund glatte Petersilie, gehackt
250 ml heißes Wasser

Die Auberginen von den Stielen befreien und mit einem scharfen Messer so schälen, dass ein spiralenförmiges Muster entsteht.

In einer großen Pfanne bei mittlerer Hitze das Olivenöl erwärmen, die Auberginen hineingeben und dünsten, bis sie rundherum etwas weicher geworden sind (5-8 Minuten für kleine, 15 Minuten für größere Auberginen). Mit einem Pfannenheber oder einer Zange die Auberginen vorsichtig nebeneinander in eine Auflaufform setzen.

Nun die Zwiebeln in das Olivenöl in der Pfanne geben und etwa 8 Minuten bei mittlerer Hitze dünsten. Tomaten und Knoblauch hinzufügen und alles weitere 2 Minuten dünsten. Mit Salz und Pfeffer abschmecken, den Zucker dazugeben, die Petersilie unterrühren und beiseite stellen.

Den Backofen auf 180 Grad C vorheizen.

Die Auberginen der Länge nach bis zur Mitte aufschlitzen, dabei an beiden Enden etwa 2,5 cm stehen lassen. Den Schlitz vorsichtig weiten, sodass ein Hohlraum entsteht, in den eine Portion der Tomaten-Zwiebel Mischung gefüllt wird. Das heiße Wasser in die Form gießen, die Auberginen mit Alufolie abdecken und garen, bis sie durch und durch weich sind (15-20 Minuten für kleine, 30-45 für größere).

Die Auberginen auf einer Platte anrichten, abkühlen lassen und bei Zimmertemperatur servieren.

Für 4 Personen

ANGINARES POLITA – TÜRKEI

Geschmorte Artischocken

Trotz seines griechischen Namens stammt das Rezept zu diesem köstlichen Ragout wahrscheinlich aus Istanbul, jedenfalls beanspruchen sowohl Griechen wie Türken es für sich. Man kann die Zutaten nach Belieben durch Erbsen oder dicke Bohnen ergänzen. Die Bohnen vor dem Enthülsen 1 Minute lang in kochendes Wasser geben.

Saft von 2 Zitronen sowie wahlweise frisch gepresster Zitronensaft zum Abschmecken
3 EL Mehl
6 große Artischocken mit 2,5-5 cm Stielrest
125 ml Olivenöl
1 Zwiebel, gehackt
8 Frühlingszwiebeln, grob gehackt
3 Möhren, geputzt und gewürfelt
2 große Kartoffeln, in 2,5 cm große Würfel geschnitten oder 6-8 winzige neue Kartoffeln, halbiert
150 g enthülste Erbsen bzw. enthülste dicke Bohnen
Salz und frisch gemahlener schwarzer Pfeffer
1 Bund Dill, gehackt

Eine große Schüssel mit kaltem Wasser füllen und den Saft von 2 Zitronen sowie das Mehl hineingeben. Die harten äußeren Blätter der Artischocken entfernen und mit einem Küchenmesser die dunkelgrünen Stellen an der Unterseite und vom Stiel abschneiden. Artischocken der Länge nach vierteln und das Heu entfernen. Die Artischockenviertel ins Wasser geben, um ein Verfärben zu verhindern.

In einer großen Pfanne bei mittlerer Hitze das Olivenöl erwärmen. Die Zwiebel hineingeben und etwa 2 Minuten anbraten; dann die Frühlingszwiebeln und Möhren dazugeben und alles noch etwa 5 Minuten dünsten.

Die Artischocken abtropfen lassen und mit den ungeschälten Kartoffeln in die Pfanne geben. Heißes Wasser dazugießen, sodass die Gemüse bedeckt sind, und zugedeckt bei geringer Hitze etwa 25 Minuten garen. Gegebenenfalls in den letzten 10 Minuten die Erbsen oder Bohnen dazugeben.

Mit Salz und Pfeffer, eventuell auch mit etwas Zitronensaft abschmecken. Auf einer Platte anrichten und abkühlen lassen. Mit etwas Dill bestreuen und bei Zimmertemperatur servieren.

Für 4 bis 6 Personen

BEYAZ PILAV – TÜRKEI

Pilaw mit Pinienkernen und Korinthen

Einfache Reis-Pilaws wie dieser werden in den Mittelmeerländern häufig zu Kebabs oder vegetarischen Gerichten serviert. Basmati-Reis eignet sich dafür besonders gut, da die Körner fest bleiben. Zusammen mit gebratener Hähnchenleber heißt das Gericht »ic pilav«.

440 g Langkornreis (vorzugsweise Basmati)
Salz
1 l kochendes Wasser
4 Hähnchenlebern (wahlweise)
2 EL sowie 60 g Butter
1 Zwiebel, gehackt
3 EL Pinienkerne
½ TL gemahlener Zimt oder gemahlener Piment
750 ml Hühnerbrühe bzw. halb Brühe/halb Wasser
45 g Korinthen
Frisch gemahlener schwarzer Pfeffer
3 EL frisch gehackte glatte Petersilie oder Dill

In einer Schüssel den Reis mit 2 Teelöffeln Salz vermischen und mit kochendem Wasser übergießen. Gut durchrühren und zum Abkühlen beiseite stellen.

Falls Hähnchenlebern verwendet werden, in einer kleinen Pfanne 2 Esslöffel Butter erhitzen. Die Lebern dazugeben und etwa 5 Minuten anbraten, bis sie außen fest und innen noch rosa sind. Abkühlen lassen, grob hacken und beiseite stellen.

In einem Topf bei mittlerer Hitze 60 g Butter zerlassen, Zwiebel und Pinienkerne hineingeben und etwa 8 Minuten anbraten, bis sie schwach gebräunt sind. Den Reis dazugeben und unter Rühren ca. 5 Minuten anbraten, bis er glasig wird. Zimt oder Piment, Brühe (oder Brühe und Wasser), Korinthen und gegebenenfalls Hähnchenlebern dazugeben. Mit Salz und Pfeffer würzen. Zugedeckt bei relativ schwacher Hitze garen, bis die Flüssigkeit absorbiert ist (ca. 15 Minuten).

Den Deckel vom Topf nehmen, ein gefaltetes Küchentuch darüber legen und den Deckel wieder aufsetzen. Bei möglichst geringer Hitze noch weitere 10 Minuten garen. Anschließend nochmals 15 Minuten stehen lassen. Vor dem Servieren mit Petersilie oder Dill bestreuen.

Für 4 Personen

PATLICANLI PILAV – GRIECHENLAND

Pilaw mit Auberginen und Tomaten

Dieser köstliche Pilaw kann sowohl als Hauptgericht wie als Beilage gereicht werden. Die Tomaten verleihen dem Reis eine ansprechende rosa Farbe. Zu dem Pilaw passen gut gekochte Gemüse und eine Joghurt-Gurken-Soße wie Tsatsiki, aber auch reiner Joghurt.

2 Auberginen (insgesamt etwa 1,5 kg)
440 g Langkornreis, vorzugsweise Basmati
Salz
1 l kochendes Wasser
Etwa 250 ml Olivenöl
1 Zwiebel, gehackt
2 große Tomaten, geschält, entkernt und gehackt
½ TL gemahlener Zimt
½ TL gemahlener Piment
1 TL frisch gemahlener schwarzer Pfeffer
500 ml heißes Wasser oder Tomatensaft
Frisch gehackte Minze

Die Auberginen schälen und in Würfel von 12 mm Seitenlänge schneiden. Die Würfel in einen Durchschlag geben, leicht salzen und vorsichtig durchmischen. 1 Stunde stehen lassen, damit die bittere Flüssigkeit abtropfen kann.

Inzwischen in einer Schüssel den Reis mit zwei Teelöffelen Salz vermischen und das kochende Wasser darüber gießen. Gut durchrühren und stehen lassen, bis das Wasser erkaltet ist. Den Reis abgießen, unter kühlem fließendem Wasser abspülen und abtropfen lassen. Beiseite stellen.

Die Auberginenwürfel erst mit kaltem Wasser abspülen, abtropfen lassen und mit Küchenpapier trockentupfen.

In einer großen Pfanne 3 Esslöffel Olivenöl erhitzen. Die Auberginenwürfel in drei Portionen jeweils ca. 5 Minuten anbraten, bis sie rundherum goldbraun sind; dabei pro Portion 3 weitere Esslöffel Olivenöl dazugeben. Die Würfel mit der Schaumkelle auf Küchenpapier geben, abtropfen lassen und beiseite stellen.

In einem Topf bei mittlerer Hitze die restlichen 3 Esslöffel Olivenöl erwärmen. Die Zwiebel dazugeben und etwa 8 Minuten anbraten, bis sie weich ist. Den Reis hinzufügen und unter Rühren ca. 3 Minuten anbraten, bis er glasig wird. Tomaten dazugeben und alles unter Rühren weitere 5 Minuten dünsten. Die angebratenen Auberginenwürfel, Zimt, und Piment sowie Salz und Pfeffer dazugeben und gut vermischen. Heißes Wasser oder Tomatensaft dazugießen und alles zugedeckt bei schwacher Hitze kochen, bis die Flüssigkeit absorbiert ist (etwa 15-20 Minuten).

Den Deckel abnehmen, den Topf mit einem gefalteten Küchentuch abdecken, den Deckel wieder aufsetzen und den Pilaw bei niedgriger Temperatur weitere 10 Minuten garen. Danach noch 15 Minuten stehen lassen. Vor dem Servieren mit Petersilie oder Dill bestreuen.

Für 4 Personen

Fisch und Meeresfrüchte

Wo immer Sie sich im Mittelmeerraum aufhalten, das Meer oder ein Fluss sind nie weit weg. Deshalb ist es nicht verwunderlich, dass Fisch sowie Schalen- und Krustentiere in großer Auswahl in den Tavernen angeboten werden. Sie sind so gut wie immer ganz frisch und in der Regel werden sie auf dem Grill zubereitet, ausgebacken oder, seltener, im Backofen gegart, geschmort oder pochiert.

Weil alles so frisch ist, ist langwieriges Marinieren nicht an der Tagesordnung. Zitronenschnitze sind die beliebteste Garnitur, denn sie verstärken das zarte Aroma, und die meisten Soßen – *romesco, tarator, skordalia, piri-piri* – werden einfach daneben gestellt, um den Geschmack zu unterstützen, nicht zu verstecken.

Fische werden vor dem Grillen manchmal in Weinblätter oder Schinken gehüllt, oder aber sie werden in Stücke geschnitten und diese zusammen mit Basilikumblättern und Zwiebeln auf Spieße gesteckt und gegrillt. Wenn Fisch überhaupt mariniert wird, dann für ganz kurze Zeit in einem Gemisch aus Olivenöl, Zitronensaft und einigen sorgfältig ausgewählten Kräutern. Gelegentlich wird der Fisch auch in einer Soße gegart, diese ist dann eine sehr einfache, etwa aus Tomaten, Zwiebeln, Knoblauch und ein wenig Wein.

AMÊIJOAS NA CATAPLANA – PORTUGAL

Venusmuscheln mit Wurst, Schinken und Tomaten

Dieses Gericht aus der Algarve ist nach dem muschelförmigen Kochgefäß benannt, in dem es normalerweise zubereitet wird. Es schmeckt als leichtes Mittag- oder Abendessen, am besten mit reichlich Brot, mit dem man dann die Soße auftunkt. Wer es gern etwas deftiger mag, kann dazu auch Reis oder gekochte Kartoffeln servieren. Gut passt dazu die Chili-Soße von Seite 15.

1,25 kg kleine Venusmuscheln in der Schale
2 EL Olivenöl
3 Zwiebeln, in dünne Scheiben geschnitten
4 Knoblauchzehen, fein gehackt
½ EL Chiliflocken oder zwei rote Chilischoten, entkernt und fein gehackt (wahlweise)
1 Lorbeerblatt, zerkrümelt
125 g gewürfelter geräucherter Schinken
125 g Wurst, gehäutet und zerkrümelt (Chorizo oder Kabanossi)
125 ml trockener Weißwein
375 g Tomaten, gewürfelt (aus der Dose mit Saft)
1 Bund frisch gehackte glatte Petersilie
Frisch gemahlener schwarzer Pfeffer
Zitronenschnitze zum Garnieren

❋ Alle Muscheln, die sich bei Berührung nicht schließen, aussortieren. Die anderen gründlich unter fließendem Wasser abbürsten, in eine Schüssel mit Wasser legen und kalt stellen, bis sie verarbeitet werden.

❋ In einem großen Topf bei mittlerer Hitze das Olivenöl erwärmen, die Zwiebeln dazugeben und etwa 8 Minuten anbraten, bis sie weich sind. Den Knoblauch und gegebenenfalls Chiliflocken dazugeben und alles noch mal 3 Minuten dünsten. Jetzt gegebenenfalls die frischen Pfefferschoten dazugeben sowie Lorbeerblatt, Schinken, Wurst, Wein und die Tomaten; alles gut verrühren und ohne Deckel auf kleiner Flamme circa 25 Minuten durchziehen lassen.

❋ Die Venusmuscheln mit der sich öffnenden Seite nach oben dazugeben und den Topf abdecken. Die Hitzezufuhr verstärken und alles etwas 3-5 Minuten kochen, bis die Muscheln sich öffnen. Zum Schluß Muscheln, die sich nicht geöffnet haben, aussortieren.

❋ In vorgewärmte Suppenschalen oder -teller füllen, mit Petersilie bestreuen und reichlich schwarzen Pfeffer darüber mahlen. Heiß mit Zitronenschnitzen servieren.

Für 4 Personen

GARIDES ME FETA – GRIECHENLAND

Garnelen mit Feta

Diese auf den ersten Blick vielleicht überraschende Kombination bekommen Sie in Griechenland in jeder Hafenkneipe. Die Garnelen können bis zu 4 Stunden im Voraus angebraten und in der Tomatensoße angerichtet werden. Vor dem Servieren wird der Fetakäse darüber gebröckelt und alles unter den Grill oder in den Backofen geschoben. Es sollte reichlich frisches Brot vorhanden sein, um den delikaten Saft aufzutunken.

750 g große Garnelen, roh, geschält und entdarmt
Salz und frisch gemahlener schwarzer Pfeffer
4 EL (60 ml) Olivenöl
1 kleine Zwiebel oder 6 Frühlingszwiebeln, gehackt
4 Knoblauchzehen, fein gehackt
Eine Prise Cayennepfeffer, wahlweise
2 EL getrockneter Oregano
375 ml Tomatensoße oder 4 große Tomaten, gehäutet, entkernt und gehackt
1 Prise Zucker, wahlweise
250 g Fetakäse, zerbröckelt
½ Bund frisch gehackte glatte Petersilie

Den Herd auf 230 Grad C oder den Elektrogrill vorheizen.

Die Garnelen mit Salz und schwarzem Pfeffer bestreuen. In einer großen Pfanne 2 Esslöffel Olivenöl bei mittlerer Hitze erwärmen, die Garnelen hineingeben und unter eifrigem Rühren anbraten, bis sie rosa sind und beginnen sich zu krümmen (2-3 Minuten). Dann die Garnelen mit einem Schaumlöffel herausheben und in gleichmäßigen Portionen in kleine feuerfeste Förmchen füllen.

In derselben Pfanne dann die restlichen 2 Esslöffel Olivenöl erwärmen, die Zwiebel oder die Frühlingszwiebeln hineingeben und etwa 8 Minuten anbraten, bis sie weich sind. Knoblauch, gegebenenfalls Cayennepfeffer und Oregano dazugeben und weitere 2 Minuten anbraten. Gewürfelte Tomaten oder Tomatensoße dazugeben und kochen lassen, bis die Mischung etwas dickflüssiger wird (etwa 2 Minuten). Wenn die Tomaten nicht süß genug sind, etwas Zucker dazugeben; mit Salz und Pfeffer abschmecken.

Die Soße gleichmäßig über die Garnelen in den Förmchen verteilen und den Fetakäse darüber bröckeln. Im Backofen oder unter dem Elektrogrill überbacken, bis der Käse schmilzt (5-8 Minuten im Backofen, 3-5 Minuten unter dem Grill).

Mit Petersilie bestreuen und noch heiß servieren.

Für 4 Personen

PSARI ME AMBELOFILLA – GRIECHENLAND

Fisch in Weinblättern

Es ist eine alte mediterrane Tradition Fisch in Weinblättern zu garen. Am häufigsten werden dazu große, ganze Sardinen oder winzige Meerbarben verwendet. Aber auch Fischfilets können auf diese Art zubereitet werden. Statt der Zitronenschnitze kann man zum Fisch auch ein einfaches Dressing aus 5 Esslöffeln Olivenöl und 2 bis 3 Esslöffeln Zitronensaft sowie Kräutern nach Wahl reichen.

60 ml Olivenöl
2 EL frisch gehackte glatte Petersilie oder Fenchelgrün
2 TL frisch gehackter Thymian oder getrockneter Oregano
Saft einer Zitrone
Salz und frisch gemahlener schwarzer Pfeffer
1 kg frische große Sardinen, ausgenommen, oder 4 Fischfilets wie Barsch, Kabeljau oder Seezunge (185 g pro Stück)
Eingelegte Weinblätter, abgespült ohne Stiele
Zitronenschnitze

In einer großen, flachen Form Olivenöl, Petersilie bzw. Fenchel, Thymian bzw. Oregano und Zitronensaft gut verrühren und mit Salz und Pfeffer würzen. Den Fisch hineinlegen, rundherum mit der Flüssigkeit benetzen und etwa 1 Stunde bei Zimmertemperatur in der Marinade liegen lassen.

Einen Holzkohlengrill oder Elektrogrill vorheizen. Die Fische bzw. Filets in 1 oder 2 Weinblätter wickeln, sodass Kopf und Schwanz bzw. die Enden der Filets unbedeckt bleiben. Die Weinblätter wenn nötig mit Holzspießchen fixieren.

Die eingewickelten Fische auf den geölten Rost des Holzkohlengrills oder unter den Elektrogrill schieben und von beiden Seiten grillen (Fische 7-10 Minuten, Filets 5-6 Minuten von jeder Seite).

Auf einer vorgewärmten Platte anrichten und noch heiß mit Zitronenschnitzen garniert servieren.

Für 4 Personen

BACALHAU À GOMES DE SÁ – PORTUGAL

Kartoffel-Stockfisch-Gratin

Dieses Rezept aus dem großen Repertoire portugiesischer Stockfischgerichte ist nach Gomes de Sá benannt, einem berühmten Gastronomen aus Porto, zu dessen Spezialitäten es zählte. Das klassische Bacalhau-Gericht kann bis zu 8 Stunden im Voraus zubereitet und erst unmittelbar vor dem Servieren im Ofen überbacken werden.

500 g Stockfischfilets, gehäutet
Etwas heiße Milch, nach Bedarf
750 g fest kochende Kartoffeln
6 EL (90 ml) Olivenöl
2 Zwiebeln, geschält und in dünne Scheiben geschnitten
2 Knoblauchzehen, fein gehackt
1 Bund frisch gehackte glatte Petersilie
1 TL frisch gemahlener Pfeffer
20 schwarze Oliven, in Öl eingelegt
2 Eier, hart gekocht und in Scheiben geschnitten

Den Stockfisch in eine Schüssel legen und so viel Wasser dazugeben, dass der Fisch bedeckt ist. An einem kühlen Ort 24-48 Stunden stehen lassen. Während dieser Zeit das Wasser mehrfach wechseln.

Den Fisch abgießen, mit kaltem Wasser abspülen und in einen Topf geben. Mit Wasser bedeckt langsam zum Kochen bringen. Die Hitzezufuhr reduzieren und den Fisch kochen, bis er sich mit der Gabel leicht zerteilen lässt (15-20 Minuten).

Den Fisch abgießen, abkühlen lassen und mit den Fingern zerzupfen, dabei Gräten, Hautreste und harte Teile entfernen. Fisch probieren. Falls er noch zu salzig ist, noch 30 Minuten in heißer Milch ziehen lassen.

Die Kartoffeln bei starker Hitze 15-20 Minuten kochen, bis sie leicht gegart, aber noch fest sind. Abkühlen lassen, in 6 mm dicke Scheiben schneiden und beiseite stellen.

In einer großen Pfanne bei mittlerer Hitze 2 Esslöffel Olivenöl erwärmen und die Zwiebeln etwa 8 Minuten andünsten, bis sie weich, aber nicht braun sind. Den Knoblauch dazugeben und 2 Minuten andünsten, dann die Hälfte der Petersilie untermischen und weitere zwei Minuten dünsten. Die Mischung mit einer Schaumkelle aus der Pfanne nehmen und auf einem Teller bereitstellen.

In derselben Pfanne bei mittlerer Hitze 3 Esslöffel Olivenöl erwärmen, die Kartoffeln hineingeben und unter ständigem Wenden 5-8 Minuten goldbraun braten. Die Pfanne vom Herd nehmen.

Den Backofen auf 200 Grad C vorheizen. Eine große, feuerfeste Form (28 x 18 x 4 cm) oder vier kleinere Formen einfetten. Jeweils in Lagen zunächst die halbe Menge Kartoffeln, Fisch und Zwiebel-Petersilien-Mischung in die Form schichten; Pfeffer darüber mahlen, dann den Vorgang mit den restlichen Zutaten wiederholen. Mit dem restlichen Olivenöl beträufeln.

Im Backofen 25 Minuten goldbraun backen. Mit Oliven und harten Eiern garnieren, die restliche Petersilie darüber streuen und servieren.

Für 4 Personen

KILIC SIS KEBAP – TÜRKEI

Gegrillte Schwertfisch-Spieße

Dies ist eines der simpelsten und besten Fischgerichte der Ägäis, in der Türkei und Griechenland gleichermaßen beliebt. Sollten die Cocktailtomaten nicht fest genug sein, kann man sie auf separaten Spießen braten, bis sie gar sind. Zu den Spießen kann man eine Vinaigrette aus Olivenöl und Zitronensaft oder die Nuss-Soße (siehe Seite 30) servieren. Als klassische Beilage bietet sich ein Pilaw (siehe Seite 62) an.

125 ml Olivenöl
6 EL frisch gepresster Zitronensaft
1 TL Paprikapulver
2 Lorbeerblätter, zerbröselt, sowie 12 ganze Lorbeerblätter
1 kg Schwertfischfilet, in Würfel von 3 cm Seitenlänge geschnitten
2 Zitronen, in dünne Scheiben geschnitten, sowie Zitronenschnitze zum Garnieren
2 grüne Paprikaschoten, entkernt, geputzt, gewürfelt (3 cm Seitenlänge)
16 reife, aber feste Cocktailtomaten
Salz und frisch gemahlener schwarzer Pfeffer

In einer flachen Schüssel Olivenöl, Zitronensaft, Paprika und zerkleinerte Lorbeerblätter gut vermischen. Die Fischwürfel dazugeben, in der Marinade wenden und 4 Stunden an einem kühlen Platz ziehen lassen, dabei die Schüssel abdecken.

Den Holzkohlengrill vorbereiten oder den Elektrogrill vorheizen.

Die Fischwürfel aus der Marinade nehmen, diese beiseite stellen und den Fisch abwechselnd mit ganzen Lorbeerblättern, Zitronenscheiben, Paprika und Cocktailtomaten auf Metallspieße stecken. Mit Salz und Pfeffer würzen.

Die Spieße auf den eingefetteten Rost oder unter den Elektrogrill legen und unter gelegentlichem Wenden ca. 10 Minuten grillen. Dabei hin und wieder den Fisch mit der restlichen Marinade begießen.

Die Spieße auf einer vorgewärmten Platte anrichten und heiß, mit Zitronenschnitzen garniert, servieren.

Für 4 Personen

VALDEPEÑAS

PESCADO EN PICADA – SPANIEN

Fisch in Mandelsoße

Wichtiger Bestandteil dieses einfachen Tavernengerichts ist die klassische katalanische Nuss-Soße, Picada genannt. Picada, eine köstliche Mischung aus Nüssen, Brot und Knoblauch, weist auf den arabischen Einfluss in der spanischen Küche hin. Traditionell wird Seehecht für dieses Rezept verwendet, aber auch Kabeljau, Rotbarsch, Flunder oder andere Fischsorten mit festem weißem Fleisch sind geeignet.

Für die Soße:
75 g Mandeln, gehobelt und blanchiert
2 EL Olivenöl
1 große Zwiebel, fein gehackt
1 TL Paprikapulver
1 TL fein gehackter Knoblauch
15 g frische Brotkrumen
1 Prise zerdrückte Safranfäden (wahlweise)
280 g Tomaten, geschält, entkernt und gewürfelt (frisch oder aus der Dose)
250 ml Fischsud oder trockener Weißwein
Salz und frisch gemahlener schwarzer Pfeffer

Für den Fisch:
150 g Erbsen (wahlweise)
4 feste weiße Fischfilets (à ca. 150 g)
Salz und frisch gemahlener schwarzer Pfeffer
½ Bund frisch gehackte glatte Petersilie oder Minze

Für die Mandelsoße den Backofen auf 180 Grad C vorheizen. Die Mandeln auf ein Backblech geben und 8-10 Minuten im Ofen anrösten, sie beginnen dann zu duften. Abkühlen lassen.

40 g Mandeln als Garnierung zurückbehalten. Die restlichen Mandeln in einer Mühle oder Küchenmaschine nicht zu fein mahlen und beiseite stellen.

In einer Pfanne bei mittlerer Hitze Olivenöl erwärmen und die Zwiebeln etwa 8 Minuten andünsten, bis sie weich, jedoch nicht braun sind. Paprika, Knoblauch, gemahlene Mandeln, Brotkrumen und gegebenenfalls Safran dazugeben und alles weitere 3 Minuten dünsten. Tomaten und Sud oder Wein hinzufügen und unter gelegentlichem Rühren bei mittlerer Hitze garen, bis die Mischung leicht einzudicken beginnt (ca. 5-8 Minuten). Mit Salz und Pfeffer würzen, vom Herd nehmen und erstmal beiseite stellen.

Falls Erbsen verwendet werden, die Erbsen in einem Topf mit kochendem Wasser 3-6 Minuten kochen, bis sie eben gar sind.

Die Temperatur des Backofens auf 230 Grad C erhöhen, die Fischfilets von beiden Seiten salzen und pfeffern und nebeneinander in eine feuerfeste Form legen. Die Soße und gegebenenfalls die Erbsen über den Fisch geben und alles im Ofen 10-12 Minuten überbacken, bis der Fisch gar ist. Mit den restlichen Mandeln sowie Minze oder Petersilie garnieren. Sofort servieren.

Für 4 Personen

CALAMARES RELLENOS – SPANIEN

Gefüllter Tintenfisch

Es gibt viele verschiedene Varianten dieses Rezeptes für gefüllten Tintenfisch und er ist sowohl in Griechenland wie auch in Spanien und Portugal äußerst beliebt und entsprechend häufig auf den Speisekarten der Lokale zu finden. Gelegentlich wird der Tintenfisch auf einem gemischten Salatbett aus Löwenzahn, Endiviensalat, Rucola und Frisée serviert.

12 mittlere oder kleine Tintenfische

Für die Füllung:
3 EL Olivenöl
150 g gehackte Zwiebeln
4 Knoblauchzehen, fein gehackt
90 g geräucherter oder luftgetrockneter Schinken, gewürfelt (wahlweise)
60-90 g frische Brotkrumen
60 ml frisch gepresster Zitronensaft
1 Bund frisch gehackte glatte Petersilie
Salz und frisch gemahlener Pfeffer
Olivenöl zum Bestreichen
Salz und frisch gemahlener Pfeffer

Für das Olivenöl-Dressing:
80 ml kaltgepresstes Olivenöl
3-4 EL frisch gepresster Zitronensaft
3 EL getrockneter Oregano

Die Köpfe der Tintenfische mit den Innereien vorsichtig, aber entschieden aus dem Körperbeutel ziehen. Mit den Fingerspitzen den kleinen runden Schnabel aus der Mundöffnung (am Ansatz der Tentakel) herausdrücken. Mit einem scharfen Messer die Augen herausschneiden, die Tentakel behalten. Mit den Händen unter fließendem Wasser den Körperbeutel reinigen ohne ihn zu beschädigen. Den durchsichtigen Fischbeinknorpel aus der einen Seite des Körperbeutels entfernen. Den bräunlichen Hautfilm des Körpers abziehen und den Körperbeutel gründlich abspülen. Die Tentakel zerhacken und zusammen mit den Körperbeuteln beiseite stellen.

Elektro- oder Holzkohlengrill vorheizen.

In einer Pfanne bei mittlerer Hitze das Olivenöl erwärmen, die Zwiebeln hineingeben und 8-10 Minuten anbraten, bis sie weich sind.

Knoblauch, gegebenenfalls Schinken, gehackte Tentakel und genügend Brotkrumen dazugeben, damit die Mischung abbindet. Bei mittlerer Hitze 2 Minuten dünsten. Zitronensaft und Petersilie dazugeben, mit Salz und Pfeffer würzen und abkühlen lassen.

Die Brotkrumen-Mischung vorsichtig in die Körperbeutel der Tintenfische füllen und diese mit Holzspießchen verschließen. Die Tintenfische auf lange Metallspieße stecken, mit Olivenöl bestreichen und mit Salz und Pfeffer würzen. Unter den Elektrogrill oder auf den Rost des Holzkohlengrills geben und unter einmaligem Wenden grillen, bis die Tintenfische gar sind (etwa 3 Minuten von jeder Seite).

Inzwischen in einer kleinen Schüssel aus Olivenöl, Zitronensaft und Oregano das Dressing anrühren.

Die Tintenfische von den Spießen nehmen, auf einer vorgewärmten Platte anrichten, mit dem Dressing beträufeln und heiß servieren.

Für 4 Personen

TRUCHA A LA NAVARRA – SPANIEN

Forelle in Schinken

Dieses wunderbare Rezept aus der Gegend von Navarra im Nordosten Spaniens ist eine der bekanntesten Zubereitungsarten des Landes für Forellen. Im Allgemeinen werden die Fische nur mit einem Spritzer Zitronensaft und gekochten Kartoffeln als Beilage serviert. Man kann aber auch, wie hier, angebratene Pilze dazu reichen.

4 Regenbogen- oder Bachforellen, ausgenommen, mit Köpfen (jeweils ca. 375 g)
Salz und frisch gemahlener schwarzer Pfeffer
8 dünne Scheiben luftgetrockneter Schinken
Etwa 150 g Mehl
80 ml Olivenöl

Pilzbeilage (wahlweise):
60 ml trockener Weißwein
2 EL Butter
140 g Champignons, in Scheiben geschnitten
Zitronenschnitze

Die Forellen von außen und innen salzen und pfeffern und je eine Scheibe Schinken in jede Forelle füllen. Die Fische mit einer weiteren Schinkenscheibe umwickeln, dabei Kopf und Schwanz frei lassen. Die Fische zubinden oder mit Holzspießchen verschließen. Mehl auf einen großen Teller geben und die Fische darin wenden.

In einer großen Pfanne bei mittlerer Hitze das Olivenöl erhitzen. Die in Mehl gewälzten Fische in die Pfanne geben und unter einmaligem Wenden goldbraun braten (ca. 4 Minuten pro Seite). Auf eine vorgewärmte Platte oder einzelne Teller geben.

Falls zu den Fischen noch gebratene Pilze serviert werden sollen, den Herd heißer stellen, den Wein in die Pfanne geben und angesetzte Reste mit dem Kochlöffel vom Pfannenboden lösen. Die Hitze reduzieren, Butter in die Pfanne geben und schmelzen lassen; dann die Pilze dazugeben. Etwa 8 Minuten braten, bis sie weich sind.

Holzspießchen aus den Forellen entfernen und die Pilze über die Fische verteilen. Heiß mit Zitronenschnitzen servieren.

Für 4 Personen

PAELLA VALENCIANA – SPANIEN

Paella

Die Paella hat ihren Namen von der zweigriffigen Metallpfanne, in der sie serviert wird. Je nachdem wie viel Zeit und Geld investiert wird, kann sie einfacher oder geradezu luxuriös ausfallen. Ursprünglich stammt die Paella aus Valencia, aber in allen spanischen Provinzen gibt es regionale Varianten.

34 kleine Venusmuscheln in der Schale
24 Miesmuscheln in der Schale
1 Hähnchen, servierfertig zerteilt (1,5 kg)
Salz und frisch gemahlener schwarzer Pfeffer
Olivenöl
250 g Chorizo (spanische Wurst, ersatzweise Kabanossi)
500 g mittelgroße Garnelen (roh, geschält und entdarmt)
2 Zwiebeln, gehackt
6 Knoblauchzehen, fein gehackt
2 rote oder grüne Paprikaschoten, entkernt, geputzt und gewürfelt
280 g Tomaten, geschält, entkernt und gewürfelt (frisch oder aus der Dose)
700 g Rundkornreis
1,5 l Hühnerbrühe
½ TL Safranfäden, im Mörser zerdrückt
150 g Erbsen, dicke Bohnen oder gekochte Limabohnen
Zitronenschnitze
Chilistreifen, wahlweise

Sämtliche Muscheln aussortieren, die sich bei Berührung nicht schließen. Die restlichen unter fließendem Wasser gut abbürsten und die Bärte entfernen. Die Venusmuscheln in einer Schüssel mit Wasser und die Miesmuscheln in einer leeren Schüssel kalt stellen.

Die Hähnchenteile abspülen, mit Küchenpapier abtupfen und mit Salz und Pfeffer würzen. Etwas Olivenöl in eine große, hochwandige Pfanne geben und die Hitzezufuhr erhöhen. Die Hähnchenteile hineingeben und von allen Seiten etwa 8-10 Minuten bräunen. Aus der Pfanne nehmen, auf einen Teller legen und beiseite stellen.

Falls nötig noch etwas Olivenöl in die Pfanne gießen, die Wurst hineingeben und bei mittlerer Hitze von allen Seiten 5-8 Minuten bräunen. Die Wurst herausnehmen, auf den Teller zu dem Hähnchenfleisch geben und zerschneiden.

Die Garnelen in dieselbe Pfanne geben und bei mittlerer Hitze unter stetigem Rühren 2-3 Minuten anbraten, bis sie rosa werden und beginnen sich zu krümmen. Aus der Pfanne nehmen und auf den Teller zu den anderen Zutaten geben.

Die Zwiebeln in das restliche Öl in der Pfanne geben und bei mittlerer Hitze 5-6 Minuten anbraten. Falls nötig noch etwas Olivenöl dazugeben, damit die Zwiebeln nicht anbrennen. Knoblauch und Paprika dazugeben und dünsten, bis sie weich werden (ca. 5 Minuten). Die Tomaten hinzufügen und unter Rühren weitere 3 Minuten garen. Den Reis unterrühren, die Hühnerbrühe und den Safran dazugeben. Alles zum Kochen bringen, die Hitze reduzieren und etwa 10 Minuten unbedeckt kochen lassen.

Hähnchenfleisch, Wurst und Erbsen oder Bohnen dazugeben. Etwas in den Reis hineindrücken und unbedeckt 10 Minuten kochen lassen. Die Venusmuscheln abgießen. Venusmuscheln, Miesmuscheln und Garnelen auf dem Pfanneninhalt verteilen und alles zugedeckt garen, bis sich die Muscheln geöffnet haben (4-5 Minuten). Diejenigen Muscheln, die sich nicht geöffnet haben, aussortieren.

Paella vom Herd nehmen und einige Minuten beiseite stellen, bis die Flüssigkeit weitgehend absorbiert und der Reis gar ist. In der Pfanne oder auf Teller verteilt servieren. Mit Zitronenschnitzen und Chilistreifen garnieren.

Für 4 bis 6 Personen

Sangre de

Geflügel und Fleisch

Frisches Fleisch und Geflügel haben nicht immer auf der Speisekarte der Tavernen gestanden. Früher wurde Fleisch sparsam verwendet, oft nur in sehr kleinen Portionen oder um Suppe, Pilaw oder Bohnenragout etwas zusätzliches Aroma zu geben. Aber je reicher viele Regionen wurden, desto häufiger stand auch Fleisch auf der Speisekarte.

Ein großer Teil des Repertoires besteht aus Schmorgerichten, außerdem kennt man Fleisch und Geflügel vom Spieß. Der Duft, der von einem Grill oder einem Backofen herüberweht, ist oft der erste, verlockende Gruß an die Gäste einer Taverne. Die Fleischportionen sind dabei oft kleiner als die, die in Amerika oder Mitteleuropa serviert werden. Ein Spieß mit wenigen Fleischstücken ist die gewöhnliche Menge und es wird erwartet, dass man das Gericht mit Gemüse, Reis oder Brot vervollständigt.

Lamm und Schwein sind die am häufigsten verwendeten Fleischsorten und meist ist es das Fleisch von jungen Tieren, wobei ein Lammkotelett oft nur wenige Bissen Fleisch zu bieten hat und eine Keule nur wenige Pfund wiegt. Das Fleisch ist aber fast immer sehr zart und fein. Zum Würzen von Fleisch und Geflügel, das meistens aus Freilandhaltung kommt, braucht man nur einige Kräuterzweige, eine einfache Marinade oder ein paar Spritzer Zitronensaft, um den vollen, natürlichen Geschmack zu unterstützen.

TAVUK SIS KEBAP – TÜRKEI

Gegrillte Hähnchenspieße

Der Joghurt in der Marinade macht das Fleisch zart und saftig. Sie können gleichzeitig auf anderen Spießen Gemüse grillen. Servieren Sie die Kebabs mit Pita-Brot oder Pilaw-Reis und geben Sie etwas Joghurt-Gurken-Soße (Rezept Seite 13) über die Gemüsespieße.

1 große Zwiebel, gehackt
4 Knoblauchzehen, durchgepresst
60 ml frisch gepresster Zitronensaft
1 EL Paprika
½ TL Cayennepfeffer
½ TL frisch gemahlener schwarzer Pfeffer
1 EL frisch gehackter Thymian
250 g Joghurt
750 g Hähnchenbrustfilet
Olivenöl zum Bestreichen
Salz

In einem Mixer oder mit einem Pürierstab Zwiebel, Knoblauch, Zitronensaft, Paprika, Cayennepfeffer, schwarzen Pfeffer und Thymian zu einem Püree zerkleinern. Joghurt dazugeben und alles gut verrühren.

Hähnchenfleisch abspülen und trockentupfen. In Würfel von etwa 2,5 cm Kantenlänge schneiden und in eine Schüssel geben. Die Joghurtmischung darüber gießen, alles gut vermengen und abgedeckt im Kühlschrank 8 Stunden kalt stellen.

Holzkohlengrill vorbereiten oder Elektrogrill vorheizen. Das Fleisch aus der Marinade nehmen, überschüssige Marinade abstreifen und das Fleisch auf Spieße ziehen. Marinade aufbewahren. Fleisch mit Öl einpinseln, salzen und pfeffern.

Spieße auf den eingeölten Grill legen und von allen Seiten grillen, dabei einmal mit der Marinade einpinseln. Das Fleisch sollte im Innern nicht mehr rosa sein – man rechnet 4-5 Minuten pro Seite.

Spieße auf Teller oder eine vorgewärmte Platte geben und möglichst noch heiß servieren.

Für 4 Personen

POLLO EN SAMFAINA – SPANIEN

Hähnchen mit Auberginen, Paprika und Tomaten

Samfaina ist, ebenso wie Ratatouille, eine Mischung aus Knoblauch, Auberginen, Paprika und Tomaten, die zu einem duftenden und cremigen Gericht geschmort werden. Samfaina schmeckt auch gut zu einer Tortilla (Rezept auf Seite 22) und kann als Soße zu gegrilltem Fisch serviert werden. Man reicht dazu Reis, Kartoffelpüree oder Scheiben von geröstetem Brot.

1 Hähnchen, ca. 2 kg, in Stücke geschnitten
60 ml Olivenöl
125 g luftgetrockneter Schinken (am besten Serrano)
2 große Zwiebeln, in Spalten oder grob gehackt
500 g Auberginen
3 Knoblauchzehen
400 g Zucchini, in Scheiben
1 rote oder grüne Paprikaschote, geputzt, entkernt und in Streifen geschnitten
750 g Tomaten, gehäutet, entkernt und gewürfelt, wahlweise Dosentomaten
1 Lorbeerblatt
2 EL frisch gehackter Thymian, Oregano oder Majoran
125 ml Weißwein

Hähnchenfleisch abspülen und mit einem Küchentuch trockentupfen. Salzen und pfeffern.

Olivenöl in einem großen Schmortopf erhitzen. Das Hähnchen darin rundherum etwa 8 Minuten anbraten, dann mit einer Schaumkelle herausnehmen und auf einen Teller legen.

Den Schinken in das Öl geben und darin etwa 1 Minute anbraten. Zwiebeln dazugeben und schmoren, bis sie glasig sind (ca. 10 Minuten).

Auberginen würfeln und zusammen mit Knoblauch, Zucchini und Paprika zu den Zwiebeln geben. Andünsten, bis das Gemüse weich wird (ca. 5 Minuten).

Tomaten, Lorbeer und Kräuter dazugeben und alles gut vermengen. Die Hähnchenstücke dazugeben und unter das Gemüse mischen. Im geschlossenen Topf schmoren, bis das Hähnchen weich ist (etwa 25-30 Minuten). Lorbeerblatt herausnehmen und alles mit Salz und Pfeffer abschmecken.

Auf eine Servierplatte füllen und heiß servieren.

Für 4 Personen

Brathähnchen mit Oregano und Zitrone

Wenn Griechen ein Brathähnchen zubereiten, werden sie in den meisten Fällen diese köstliche Zubereitungsart wählen, bei der die Beilagenkartoffeln besonders zart, saftig und aromatisch werden. Es wird am besten mit Weißwein und einem knackigen griechischen Salat serviert.

1 Brathähnchen, ca. 2,5 kg
1 Zitrone, geviertelt
125 ml Olivenöl
Salz
Frisch gemahlener schwarzer Pfeffer
12 Knoblauchzehen, durchgepresst
5 TL getrockneter Oregano
80 ml frisch gepresster Zitronensaft
2 EL grober Pfeffer
6 Kartoffeln, geschält und in Spalten geschnitten
250 ml Wasser oder Hühnerbrühe
1 Bund glatte Petersilie, gehackt

Den Backofen auf 200 Grad C vorheizen.

Hähnchen abspülen und mit Küchenpapier trockentupfen. Hähnchen innen und außen mit den Zitronenvierteln einreiben, mit 1-2 Esslöffeln Olivenöl einpinseln und mit Salz und Pfeffer würzen. Zitronenviertel, 4 Knoblauchzehen und 2 Teelöffel Oregano in das Hähncheninnere füllen. Rost auf ein Backblech setzen und das Hähnchen darauf platzieren.

In einem kleinen Topf das restliche Olivenöl mit dem Zitronensaft, 2 Teelöffeln Oregano, dem groben Pfeffer und 1 Teelöffel Salz verrühren und bei mittlerer Hitze etwas einkochen lassen.

Die Kartoffeln um das Hähnchen herum verteilen und mit dem restlichen Oregano und Knoblauch bestreuen. Ein wenig von der Olivenöl-Mischung auf das Hähnchen träufeln. 250 ml Wasser oder Brühe über die Kartoffeln verteilen und alles in den Backofen schieben. 15 Minuten garen. Dann mit der Olivenöl-Mischung einpinseln und die Hitze auf 180 Grad C zurückschalten. Das Hähnchen weiterbraten und alle 10-15 Minuten mit der Mischung einpinseln, bis es gar ist (ca. 1 Stunde).

Das Hähnchen auf eine vorgewärmte Platte legen. Wenn die Kartoffeln noch nicht goldbraun sind, den Ofen auf 230 Grad C schalten und die Kartoffeln weitere 15 Minuten garen, dabei, wenn nötig, mit Wasser oder Brühe beträufeln.

Kartoffeln um das Hähnchen herum auf die Servierplatte legen. Den Sud aus dem Backblech mit einem großen Löffel entfetten und in eine kleine Schüssel füllen. Nun das Hähnchen in Stücke teilen, Kartoffeln und Hähnchen mit Petersilie bestreuen und mit dem Bratsud servieren.

Für 4 Personen

Paprika-Wurst-Ragout

Dieses deftige Schmorgericht mit Wurst und Paprikaschoten ist eine Spezialität der Dörfer am Fuße des Pelion und Zentralgriechenlands Die traditionelle Loukanika-Wurst ist raffiniert mit Orangenschale, Majoran, Koriander und Piment gewürzt. Wenn Sie nur normale Kochwurst finden, würzen Sie einfach die Soße mit einigen dieser Gewürze. Dazu passen weiße Bohnen oder frisches Weißbrot.

4 EL Olivenöl
500 g griechische Loukanika-Wurst (ersatzweise Kochwurst oder Kabanossi), in Scheiben geschnitten
500 g grüne Paprikaschoten, entkernt, geputzt und in ca. 2,5 cm breite Streifen geschnitten
500 g Tomaten, gehäutet, entkernt und gewürfelt (wahlweise Dosentomaten)
¼ TL Piment, wahlweise
½ TL gemahlener Koriander, wahlweise
2 TL abgeriebene Orangenschale, wahlweise
Salz und frisch gemahlener schwarzer Pfeffer

In einem großen Schmortopf 2 Esslöffel Olivenöl erhitzen. Dann die Wurstscheiben dazugeben und rundherum anbraten, etwa 5 Minuten. Wurst mit einer Schaumkelle auf einen Teller füllen.

Die restlichen 2 Esslöffel Öl in den Topf geben. Paprika dazugeben und andünsten, bis die Paprika weich wird (ca. 5 Minuten).

Die Wurst wieder in den Topf geben und die Tomaten und den Oregano dazugeben, außerdem bei Bedarf die restlichen Gewürze. Alles im geschlossenen Topf bei milder Hitze schmoren, bis die Aromen sich verbunden haben und die Soße dicklich wird (15-20 Minuten).

Ragout mit Salz und Pfeffer abschmecken. In eine vorgewärmte Schüssel füllen und heiß servieren.

Für 4 Personen

SIS KOFTE – TÜRKEI

Gegrillte Hackbällchen

Diese würzigen Fleischbällchen – die Antwort der Türkei auf die Hamburger – sind typisch für die Küche der Tavernen. Sie werden über einem Holzkohlenfeuer gegrillt und dann zusammen mit Tomatenscheiben, Zwiebeln und einer Knoblauch-Joghurt-Soße in warmes Pita-Brot gefüllt. Die Zwiebeln werden traditionell mit Sumac gewürzt, einem säuerlich pfeffrigen Gewürz, das in der Küche des Mittleren Ostens gern verwendet wird.

Joghurt-Soße:
1 kg Joghurt
3 Knoblauchzehen, fein gehackt
3 EL Olivenöl
1 EL Rotweinessig oder Zitronensaft
½ Bund frische Minze, gehackt
Salz und frisch gemahlener schwarzer Pfeffer

Zwiebel-Salat:
500 g Gemüsezwiebeln
1 EL Salz
1 Bund frisch gehackte glatte Petersilie
1 TL Sumac, wahlweise

Fleischbällchen:
1 kg mageres Lammhack oder Rindertatar
2 Zwiebeln, fein gerieben
2 Knoblauchzehen, gehackt
2 Eier
1 EL frisch gehackter Thymian
1 TL frisch gemahlener schwarzer Pfeffer
½ TL Salz
Olivenöl zum Bepinseln
6 warme Pita-Brote

Für die Joghurtsoße ein Sieb mit einem Tuch auslegen, über eine Schüssel hängen und den Joghurt hineinfüllen. 4-6 Stunden kalt stellen, damit die Flüssigkeit abtropfen kann. Es sollten etwa 500 g abgetropfter Joghurt zurückbleiben. Knoblauch, Olivenöl, Essig oder Zitronensaft dazugeben, alles gut verrühren und die Minze dazugeben. Mit Salz und Pfeffer abschmecken und bis zur Verwendung kalt stellen.

Holzkohlengrill oder Elektrogrill vorheizen.

Für den Zwiebelsalat die Zwiebeln in feine Scheiben schneiden. In ein Sieb legen, mit dem Salz mischen und abtropfen lassen. Nach 15 Minuten gut abspülen und mit Küchenpapier trockentupfen. In eine Schüssel füllen und mit Petersilie und Sumac würzen.

Für die Fleischbällchen das Hack in eine Schüssel mit der geriebenen Zwiebel, dem Knoblauch, Eiern, Thymian, Pfeffer und Salz geben. Mit den Händen zu einer glatten Masse verkneten. Jetzt zwölf Bällchen von ca. 7,5 cm Länge und 4 cm Breite formen und auf Spieße ziehen.

Bällchen mit Olivenöl einpinseln und salzen. Spieße auf einen eingeölten Rost setzen und rundherum braun grillen (ca. 8 Minuten).

Fleischbällchen von den Spießen streifen. Brote halbieren und in jede Hälfte ein Bällchen füllen. Noch heiß, mit Zwiebeln und Joghurtsoße nach Geschmack, servieren.

Für 6 Personen

HIRINO ME KYTHONIA – GRIECHENLAND

Schweinefleisch mit Quitten

Wenn im Herbst in Griechenland und in der Türkei die Quitten reif sind, zieht ihr Duft durch beinahe jede Küche. Wenn Sie für dieses Gericht aber keine Quitten finden, ersetzen Sie sie durch Äpfel oder Birnen und geben nur etwa 2 Esslöffel Zucker an das Gericht. Obwohl Schweinefleisch besonders gut mit den süßlichen Quitten kombiniert werden kann, können Sie dieses Gericht auch mit Rind oder Lamm zubereiten.

1,25 kg Schweineschulter ohne Knochen, entfettet und in Würfel von 5 cm Kantenlänge geschnitten
2 TL gemahlener Zimt
2 TL gemahlener Kreuzkümmel
Saft einer Zitrone
1,5 kg Quitten
2 EL Butter
125 g Zucker
250 ml Granatapfelsaft oder Wasser
60 ml Olivenöl
2 Zwiebeln, gewürfelt
Cayennepfeffer
250 ml Hühnerbrühe oder Wasser
Salz und frisch gemahlener schwarzer Pfeffer

Das Fleisch mit 1 Teelöffel Zimt und 1 Teelöffel Kreuzkümmel mischen, abdecken und 2 Stunden bei Zimmertemperatur oder über Nacht im Kühlschrank aromatisieren lassen.

Eine große Schüssel zu drei Vierteln mit Wasser füllen und den Zitronensaft dazugeben. Quitten schälen, entkernen und in dicke Spalten schneiden. Die fertigen Spalten in das Zitronenwasser geben, damit sie sich nicht verfärben.

Quitten abgießen und trockentupfen. In einer Pfanne bei starker Hitze die Butter zerlassen. Quitten dazugeben und rundherum anbraten, bis sie weich zu werden beginnen. Den Zucker darüber streuen und weiterbraten, bis die Quitten goldgelb werden. Granatapfelsaft oder Wasser dazugeben und alles bei mittlerer Hitze weiterschmoren, bis die Quittenspalten weich sind (ca. 15-20 Minuten). Vom Herd nehmen und noch 1 Stunde stehen lassen.

Die Quitten dann weitere 15 Minuten schmoren, wieder vom Herd nehmen und 1 Stunde stehen lassen. (Wahlweise über Nacht kalt stellen.)

In einer großen Pfanne das Olivenöl erhitzen. Das Fleisch darin rundherum anbraten, etwa 10 Minuten. Fleisch mit einer Schaumkelle herausnehmen und auf einem Teller beiseite stellen.

Zwiebeln in die Pfanne geben und in 8 Minuten andünsten, bis sie weich sind. Restlichen Zimt, Kreuzkümmel und Cayennepfeffer dazugeben. Einige Minuten andünsten, dann das Fleisch wieder in die Pfanne geben. 250 ml Brühe oder Wasser dazugeben, 15 Minuten schmoren. Die Quitten dazugeben und bei milder Hitze so lange schmoren, bis das Fleisch weich ist, etwa 30 Minuten. Mit Salz und Pfeffer abschmecken.

Das Gericht in eine vorgewärmte Servierschüssel füllen und heiß servieren.

Für 6 Personen

ARNI FRIKASEE ME ANGINARES – GRIECHENLAND

Geschmortes Lamm mit Artischocken

Obwohl Artischocken klassischer Bestandteil dieses mit Dill aromatisierten Schmorgerichts sind, können Sie sie ohne weiteres durch Staudensellerie, Fenchel oder Möhren ersetzen. Die in letzter Minute zubereitete Zitronensoße verbindet auf harmonische Weise Fleisch und Gemüse. Das Gericht kann einige Tage im Voraus zubereitet werden – nur die Zitronensoße sollten Sie erst machen, wenn das Gericht aufgewärmt wird.

3-4 EL Olivenöl
1,25 kg Lammschulter ohne Knochen, von Fett befreit und in Stücke von 5 cm Kantenlänge geschnitten
3 Zwiebeln, gehackt
3 Knoblauchzehen, durchgepresst
375 ml Wasser oder Hühnerbrühe
120 ml frisch gepresster Zitronensaft
6 mittelgroße Artischocken
1 kg festblättriger Salat, z.B. Römersalat oder Löwenzahn oder aber Mangold, gewaschen und in Stücke gezupft (wahlweise)
1 Bund Dill, gehackt
Frisch gemahlener schwarzer Pfeffer
2 Eier

In einer Pfanne 2 Esslöffel Öl erhitzen und das Lammfleisch portionsweise darin anbraten. Angebratenes Fleisch mit der Schaumkelle in einen Schmortopf füllen und beiseite stellen.

Wenn nötig etwas mehr Olivenöl in die Pfanne geben und die Zwiebeln darin etwa 5 Minuten andünsten. Knoblauch dazugeben und weitere 5 Minuten dünsten. Pfanneninhalt zum Lamm geben. 125 ml Wasser oder Hühnerbrühe in die Pfanne geben und zum Kochen bringen, dabei den Bratfond vom Pfannenboden lösen. Ebenfalls zum Lamm geben.

Restliche 250 ml Wasser oder Brühe dazugeben, wenn nötig mehr, bis das Fleisch vollkommen bedeckt ist. Alles zum Kochen bringen, dann die Hitze reduzieren und das Fleisch bei milder Hitze 45 Minuten schmoren.

Eine große Schüssel mit Wasser und 60 ml Zitronensaft füllen. Die dunklen Außenblätter der Artischocken ablösen, die dunkelgrünen Teile mit einem scharfen Messer abtrennen. Artischocken vierteln und das Heu herauslösen. Fertig geputzte Artischockenviertel in die Schüssel mit Zitronenwasser geben, damit sie nicht anlaufen.

Wenn Sie Mangold oder Salat mitverwenden möchten, füllen Sie einen großen Topf mit Wasser und bringen es zum Kochen. Salzen und das Grün hineingeben. Etwa 10 Minuten kochen, dann abgießen und gut abtropfen lassen.

Wenn das Fleisch 45 Minuten geschmort hat, die Artischocken abgießen und dazugeben, ebenso den abgetropften Mangold oder Salat. Weiterschmoren, bis die Artischocken weich sind (ca. 20 Minuten).

Dill dazugeben und mit Salz und Pfeffer abschmecken. Weitere 5 Minuten schmoren. Zum Schluss die Eier schaumig schlagen. Nach und nach erst die restlichen 60 ml Zitronensaft in die Eier, dann 1 Tasse heiße Schmorflüssigkeit unter das Eigemisch schlagen. Die Mischung muss cremig werden, darf aber auf keinen Fall gerinnen. Die Mischung dann unter stetem Rühren zum Lamm in den Topf gießen. Nicht mehr kochen lassen.

In eine vorgewärmte Servierschüssel füllen und heiß servieren.

Für 4 Personen

Moussaka

Dieses äußerst populäre griechische Gericht ist wahrscheinlich im Mittelalter von den Arabern übernommen worden. Moussaka kann man im Voraus zubereiten und bei milder Hitze aufbacken.

1,5 kg Auberginen
Salz

Fleischsoße:
2 EL Olivenöl
3 große Zwiebeln, gehackt
1 kg Lammhack
1 große Dose Tomaten
3 EL Tomatenmark
4 Knoblauchzehen, durchgepresst
125 ml Rotwein
1 EL getrockneter Oregano
1 Bund frisch gehackte glatte Petersilie
1 EL gemahlener Zimt
1 Prise Piment
Olivenöl zum Einpinseln

Béchamel-Soße:
3 EL Butter
3 EL Mehl
750 g heiße Milch
½ TL frisch geriebene Muskatnuss
Salz und frisch gemahlener schwarzer Pfeffer
3 Eier, verschlagen
250 g Ricotta
60 g Semmelbrösel
125 g frisch geriebener Kefalotiri-Käse oder Parmesan

Auberginen schälen und in Scheiben schneiden. In ein Sieb legen, mit Salz bestreuen und 1 Stunde ziehen lassen.

In der Zwischenzeit die Fleischsoße zubereiten. In einer großen Pfanne das Olivenöl erhitzen. Zwiebeln dazugeben und andünsten. Lammhack dazugeben und anbraten, bis es bräunlich wird. Tomaten, Tomatenmark, Knoblauch, Wein, Oregano, Petersilie, Zimt und Piment unterrühren und alles bei milder Hitze so lange schmoren, bis der größte Teil der Flüssigkeit verdampft ist. Abschmecken und beiseite stellen.

Backofen auf 200 Grad C vorheizen.

Auberginenscheiben abspülen, abtropfen lassen und mit Küchenpapier abtupfen. Auf ein mit Backpapier ausgelegtes Backblech legen, mit Olivenöl einpinseln und im Backofen garen, bis die Scheiben goldgelb sind (ca. 20 Minuten). Auf Küchenpapier legen.

Für die Béchamel-Soße in einem kleinen Topf bei milder Hitze die Butter zerlassen. Mehl einrühren und die Hitze verstärken. Etwa 2 Minuten heiß werden, aber nicht bräunen lassen. Dann nach und nach unter ständigem Rühren die heiße Milch dazugießen, bei milder Hitze andicken lassen. Muskat dazugeben, mit Salz und Pfeffer würzen und vom Herd nehmen. Eier mit dem Ricotta verschlagen und unter die Béchamel-Soße ziehen.

Backofentemperatur auf 180 Grad C reduzieren.

Eine Auflaufform von ca. 30 x 30 cm ausfetten. 30 g Semmelbrösel hineinstreuen und die Hälfte der Auberginen darauf verteilen. Die Fleischsoße darüber geben, die restlichen Auberginenscheiben darauf verteilen. Béchamel-Soße gleichmäßig über alles verstreichen, die restlichen Semmelbrösel darüber streuen und mit dem geriebenen Käse bedecken.

Im Backofen garen, bis die Oberfläche goldbraun ist. Aus dem Ofen nehmen und 15 Minuten stehen lassen, dann in Quadrate schneiden.

Für 8 bis 10 Personen

SIS KEBAP – TÜRKEI

Gegrillte Lammspieße

Der verlockende Duft von gegrillten Lammfleisch-Spießen durchzieht die Städte im ganzen östlichen Mittelmeerraum. In Griechenland nennt man diese populären Spieße »Arni Souvlakia«. Die Marinade schmeckt auch gut zu Lammkoteletts oder Lammsteaks. Zu den Spießen kann man ein Auberginen-Pilaw (siehe Seite 65) oder aber nur Pita-Brot servieren.

2 kleine Zwiebeln, gerieben
250 ml Olivenöl
1 EL frisch gemahlener schwarzer Pfeffer
1 TL getrockneter Oregano oder 2 TL frisch gehackter Thymian
1 TL gemahlener Zimt
1 TL gemahlener Kreuzkümmel
Cayennepfeffer nach Geschmack
1 kg mageres Fleisch aus der Lammkeule, in Würfel von 2,5 cm Kantenlänge geschnitten
1 rote Zwiebel, geviertelt und zerzupft
2 reife, aber feste Tomaten, halbiert und entkernt
2 grüne Paprikaschoten, geputzt, entkernt und in Stücke geschnitten

Joghurt-Gurken-Soße (Rezept Seite 13)

Zwiebeln, 190 ml Olivenöl, schwarzen Pfeffer, Oregano oder Thymian, Zimt, Kreuzkümmel und Cayennepfeffer mischen. Gut verrühren, dann die Lammwürfel in die Marinade geben. Zugedeckt über Nacht im Kühlschrank ziehen lassen.

Einen Holzkohlengrill oder einen Elektrogrill vorheizen.

Lammwürfel aus der Marinade nehmen, dabei die Marinade aufbewahren, und abwechselnd mit Zwiebelscheiben auf Spieße ziehen. Stecken Sie die Würfel nicht zu eng, dann garen sie ungleichmäßig. Spieße mit ein wenig von dem restlichen Olivenöl einpinseln und mit Salz und Pfeffer würzen. Tomaten und Paprika auf weitere Spieße ziehen und ebenfalls mit Olivenöl einpinseln und mit Salz und Pfeffer würzen.

Lammspieße auf einen eingeölten Rost legen und rundherum braun grillen, dabei ab und zu mit der Marinade einpinseln. Rechnen Sie etwa 8-10 Minuten, bis das Fleisch innen rosa ist. 5 Minuten vor Ende der Garzeit die Gemüsespieße dazulegen und unter Wenden grillen, bis das Gemüse weich ist.

Spieße auf eine Platte legen und mit der Joghurt-Gurken-Soße servieren.

Für 4 bis 6 Personen

ARNI ME YAOURTI – GRIECHENLAND

Gebratene Lammkeule mit Joghurt

Normalerweise wird Joghurt zum Zartmachen von Fleischspießen verwendet. In diesem Rezept aus Kreta jedoch wird die fast fertig gegarte Lammkeule während der letzten Minuten mit zimtgewürztem Joghurt eingepinselt. Und überraschenderweise wird daraus eine wunderbar schmeckende Kruste.

1 Lammkeule mit Knochen, 2,5-3 kg
6 ganze Knoblauchzehen plus 2 durchgepresste Zehen
5 TL fein gehackter frischer Rosmarin
5 EL Olivenöl
4 EL frisch gepresster Zitronensaft
Salz und frisch gemahlener schwarzer Pfeffer
375 g Joghurt
1 TL gemahlener Zimt
½ TL Mehl

Mit einem kleinen, scharfen Messer etwa 12 Einschnitte in das Fleisch machen. Drei der Knoblauchzehen in Scheiben schneiden und mit 2 Teelöffeln Rosmarin in einer Schüssel mischen. Dann die Scheiben in die Schlitze stecken.

Die restlichen 3 Knoblauchzehen fein hacken und in eine Schüssel geben. 2 Teelöffel Rosmarin, 2 Esslöffel Olivenöl sowie 2 Esslöffel Zitronensaft dazugeben und gut verrühren. Das Fleisch mit dieser Mischung einreiben. Fleisch abdecken und mindestens 2 Stunden, am besten über Nacht, im Kühlschrank marinieren lassen.

Den Backofen auf 180 Grad C vorheizen.

Lamm auf ein Backblech setzen und mit Salz und Pfeffer würzen. In einer kleinen Schüssel die restlichen 3 Esslöffel Olivenöl, die restlichen 2 Esslöffel Zitronensaft, den restlichen Teelöffel Rosmarin und 2 Teelöffel durchgepressten Knoblauch mischen. Das Lamm etwa 1¼ Stunden im Ofen braten, dabei ab und zu mit dieser Mischung einpinseln.

In einer anderen Schüssel Joghurt, Zimt und Mehl verrühren. Die Mischung über die Keule verteilen und weiterbraten, bis der Joghurt fest geworden und das Lamm genügend durchgebraten ist, etwa 15 Minuten.

Lammkeule auf eine vorgewärmte Platte geben und 8-10 Minuten ruhen lassen, dann in Scheiben schneiden.

Für 6 Personen

LOMBO DE PORCO COM PIMENTAS VERMELHOS DOCES – PORTUGAL

Schweinefleisch-Ragout mit Paprika

Dieses Rezept kombiniert zwei klassische portugiesische Rezepte. Für das eine wird Fleisch erst angebraten und dann mit Paprikaschoten weich geschmort, für das andere wird Schweinefleisch mit Kreuzkümmel gewürzt und in Weißwein geschmort. Das Ergebnis dieser Mischung: ein wunderbar gewürztes und mit Zitrone abgerundetes Schmorgericht.

3 EL Kreuzkümmel-Samen
2 EL fein gehackter Knoblauch
1 TL grobes Salz
1 TL frisch gemahlener schwarzer Pfeffer
1 EL Paprikapulver
1 kg Schweineschulter ohne Knochen, in Würfel von 2,5 cm Kantenlänge geschnitten
60 g fetter Speck oder 60 ml Olivenöl
4 rote Paprikaschoten, geputzt, entkernt und in Streifen geschnitten
250 ml Weißwein
125 ml Hühnerbrühe
6 hauchdünne Zitronenscheiben, halbiert
½ Bund Koriandergrün, gehackt

Kreuzkümmel-Samen in einer Pfanne ohne Fett anrösten, bis sie duften. Im Mörser oder in der Gewürzmühle zerkleinern.

In einem Mörser den Kreuzkümmel mit Knoblauch, Salz, Pfeffer und Paprika mischen und zu einem Püree zerstampfen. Das Fleisch gleichmäßig mit der Paste einreiben und über Nacht abgedeckt im Kühlschrank marinieren lassen.

Fleisch so rechtzeitig aus dem Kühlschrank nehmen, dass es vor dem Braten noch Zimmertemperatur erreicht. In einer großen Pfanne den Speck oder das Olivenöl erhitzen. Fleisch darin portionsweise braun anbraten und in einen Schmortopf umfüllen. Paprikastreifen in derselben Pfanne andünsten und zum Fleisch in den Schmortopf geben.

Wein in die Pfanne gießen und bei starker Hitze den Bratfond loskochen und ebenfalls zu dem Fleisch in den Topf geben. Brühe und Zitronenscheiben dazugeben und alles zum Kochen bringen. Hitze reduzieren und alles bei milder Hitze schmoren, bis das Schweinefleisch weich ist (ca. 25 Minuten).

Das Koriandergrün einrühren und das Ragout abschmecken. In eine vorgewärmte Schüssel füllen und heiß servieren.

Für 4 bis 6 Personen

ROYAL

Desserts

Zum Dessert wird in den meisten Tavernen wenig mehr als ein Stück Käse oder etwas frisches Obst angeboten. Die Küchen der Tavernen sind in der Regel zu klein um darin zu backen und deshalb werden Kuchen und Gebäck meistens im Ort beim Bäcker gekauft, der neben Brot ein oder zwei ortstypische Backwerke bereithält.

Die klassischen Desserts der Tavernaküche sind einfach und ansprechend - vanilleduftender Reispudding oder eine überbackene Orangencreme sind zwei typische Nachspeisen, die man häufiger findet. Auch kleine Törtchen mit Käse- oder Obstfüllung gibt es gelegentlich, wenn Größe und Ausstattung der Küche es zulassen. Trockenfrüchte und Nüsse spielen im Dessert-Repertoire eine große Rolle und sie werden auch in vielen Süßspeisen oder Naschwerken verwendet. Getrocknete Feigen, mit Mandeln und Schokolade gefüllt, schmecken wunderbar mit einem Glas Portwein oder süßem Sherry. Auch getrocknete türkische Aprikosen werden gern serviert, mit einer Füllung aus Sahne und einem Überzug aus Zucker. Nüsse gehören in das Baklava, das griechische und türkische Lieblingsdessert, für das Schichten von Filoteig und gehackten Nüssen mit einem feinen, zitronigen Sirup getränkt werden.

KAYMAKLI KAYISI TATLISI – TÜRKEI

Aprikosen mit Sahnefüllung

Für diese Nachspeise lassen sich getrocknete ganze Aprikosen sehr gut verwenden. Sie quellen beim Kochen auf und dann wird der Einschnitt sichtbar, durch den der Kern entfernt wurde. Hier kann die Füllung in die Frucht gegeben werden. In der Türkei wird für die Füllung vorzugsweise die aus Wasserbüffelmilch gewonnene dicke Sahne – Kaymak – verwendet. Ersatzweise können Sie sie mit Mascarpone oder Crème fraîche zubereiten.

250 g ganze getrocknete Aprikosen oder getrocknete Aprikosenhälften
375 g Zucker
500 ml Wasser
2 TL frisch gepresster Zitronensaft
250 ml Kaymak, Mascarpone oder Crème fraîche
60 g gehackte ungesalzene Pistazien

Die Aprikosen über Nacht in einer Schüssel mit Wasser bedeckt stehen lassen. Am nächsten Morgen das Wasser abgießen. Zucker und Wasser in einen Topf geben und den Zucker bei mittlerer Hitze unter Rühren auflösen. Die Flüssigkeit etwa 10 Minuten kochen lassen, bis sie sirupartig geworden ist. Die Aprikosen in den Sirup geben und etwa 20 Minuten garen, bis sie weich sind. Den Zitronensaft hinzugeben und alles noch eine Minute kochen lassen.

Mit dem Schaumlöffel die Aprikosen auf ein Backblech oder einen großen Teller geben. Den Sirup im Topf abkühlen lassen, bis er fest zu werden beginnt. Sollte das nicht geschehen, den Sirup bei mittlerer Hitze noch weiter reduzieren. Etwas abkühlen lassen.

Falls ganze Aprikosen verwendet werden, den Einschnitt mit einem scharfen Messer vorsichtig erweitern, sodass eine Öffnung entsteht. Mit einem kleinen Löffel oder einer Sahnespritze den Kaymak oder andere Füllung in die Öffnung geben.

Werden halbe Aprikosen verwendet, Kaymak oder alternative Füllung jeweils in die Mitte einer Hälfte geben und mit einer zweiten Hälfte abdecken.

Die Aprikosen auf einer Platte anrichten. Den eingedickten Sirup löffelweise über die Aprikosen geben und die Aprikosen etwa 30 Minuten kühlen, bis der Sirup fest geworden ist.

Vor dem Servieren die Aprikosen auf Zimmertemperatur bringen und mit den gehackten Pistazien bestreuen.

Für 4 bis 6 Personen

Reispudding

Reispudding ist in Spanien, Portugal, Griechenland und der Türkei eine beliebte Süßspeise. Im Allgemeinen wird sie mit Milch, gelegentlich auch mit Wasser zubereitet. In Portugal wird der Reis zunächst in Wasser gegart und dann in die Milch gegeben; dadurch wird der Reis besonders zart. In Griechenland wird der Reis direkt in der Milch gekocht. Bei der Garnierung sind Ihrer Phantasie keine Grenzen gesetzt, es eignen sich Nüsse, Rosinen, Granatapfelkerne und Zimt.

1 l Milch
150 g Zucker
1 EL Butter
1 Streifen Zitronenschale, etwa 7,5 cm lang
1 Stange Zimt
1,5 l Wasser
1 Prise Salz
100 g Milchreis
3 Eigelb
gemahlener Zimt oder
wahlweise gehobelte geröstete Mandeln als Garnierung

Milch, Zucker, Butter, Zitronenschale und die Zimtstange in einen Topf geben. Bei mittlerer Hitze erwärmen, bis am Rand kleine Blasen erscheinen. Vom Herd nehmen und 30 Minuten stehen lassen, damit sich das Aroma entwickeln kann.

Inzwischen in einem zweiten Topf das Wasser zum Kochen bringen und Reis und Salz hineingeben. Die Hitze reduzieren und den Reis gar ziehen lassen (15-20 Minuten) und abgießen. Die aromatisierte Milch bei mittlerer Hitze zum Kochen bringen. Den Reis hineingeben und im offenen Topf unter häufigem Rühren 15-20 Minuten leise kochen lassen, bis er eindickt. Zitronenschale und Zimtstange entfernen.

In einer Schüssel die Eigelb schaumig schlagen. Nach und nach unter ständigem Rühren etwa 250 ml von der heißen Reismasse zu den Eigelb geben. Dann die Mischung langsam in den restlichen Pudding einrühren. Alles zusammen 5 Minuten lang bei minimaler Hitze ständig durchrühren.

Den Pudding in Dessertschälchen oder eine große Schüssel füllen. Mit Zimt oder gerösteten Mandeln bestreuen und lauwarm oder kalt servieren.

Für 6 bis 8 Personen

Süße Käsetörtchen aus Santorin

Käsetörtchen sind im gesamten Mittelmeerraum, besonders aber in Griechenland und Portugal, sehr beliebt. Dieses delikate Rezept stammt von der Sonneninsel Santorin.

Für den Teig:
250 g Mehl, gesiebt
¼ TL Salz
1 TL Backpulver
2 EL Zucker
3 EL Butter (Zimmertemperatur)
60 g Margarine
1 Ei, leicht verquirlt
1 EL Wasser, nach Bedarf

Für die Käsefüllung:
500 g Frischkäse (z.B. Mizithra , Ricotta, Quark oder halb Ricotta, halb Frischkäse)
250 g Zucker
2 EL Mehl
2 Eigelb
1 TL gemahlener Zimt oder Zitronenschale, wahlweise

❖ Soll der Teig mit der Küchenmaschine hergestellt werden, zunächst das Mehl, Salz, Backpulver und Zucker vermischen. Butter und Pflanzenfett dazugeben und durch kurzes An- und Abschalten bearbeiten, sodass eine grobbröselige Mischung entsteht. Das Ei sowie 1 Esslöffel Wasser dazugeben und die Masse zu einem weichen Teig verarbeiten, eventuell noch etwas Wasser hinzugeben. Den Teig auf eine leicht bemehlte Arbeitsfläche geben und etwa 5-10 Minuten kneten, bis er weich und elastisch ist. In Plastikfolie einschlagen und bis zur weiteren Verwendung kalt stellen.

❖ Falls der Teig von Hand hergestellt wird, Mehl, Salz, Backpulver und Zucker in einer Schüssel gut vermischen. Die Butter und das Pflanzenfett mit zwei Messern bzw. einem Handrührgerät mit den trockenen Zutaten vermischen, sodass eine grobbröselige Mischung entsteht. Das Ei und 1 Esslöffel Wasser hinzugeben und mit der Gabel zu einem weichen Teig verarbeiten, wenn nötig noch etwas Wasser hinzugeben. Den Teig weiter bearbeiten wie oben beschrieben.

❖ Für die Füllung in einer Schüssel Käse, Zucker, Mehl, Eigelb, 1 Teelöffel Zimt und gegebenenfalls Orangen- oder Zitronenschale gründlich vermischen.

❖ Den Backofen auf 180 Grad C vorheizen.

❖ Aus dem Teig 12 gleich große Kugeln formen und auf einer leicht bemehlten Arbeitsfläche zu runden Fladen von 10 cm Durchmesser ausrollen. Die Teigstücke in runde Tortelettförmchen von 6 cm Durchmesser geben und den Rand gut andrücken. Die Förmchen auf ein Backblech geben. (Alternativ können die Teigstücke auch direkt auf ein gefettetes Blech gelegt werden, dabei den Rand ein wenig hochbiegen und von außen rundherum jeweils mit zwei Fingern zusammendrücken.)

❖ Die Käsefüllung vorsichtig in die Teigförmchen geben und die Oberfläche glatt streichen. 20-25 Minuten backen, bis die Törtchen oben hellbraun sind.

❖ Auf dem Rost abkühlen lassen. Nach Belieben mit Zimt bestreuen und bei Zimmertemperatur servieren.

Ergibt 12 Törtchen

ROYAL

FIGOS RECHEADOS – PORTUGAL

Feigen mit Schokolade-Mandel-Füllung

Diese Kombination scheint nur auf den ersten Blick überraschend; hat man das Konfekt einmal probiert, stellt man fest, dass der üppige Geschmack der Zutaten vorzüglich mit den getrockneten Feigen harmoniert. Eine Süßigkeit, die nach dem Essen mit einem Glas Portwein oder Madeira serviert werden sollte.

75 g gehobelte Mandeln sowie 12 ganze gehäutete Mandeln
60 g Zucker
60 g grob gehackte Zartbitter-Schokolade
12 große getrocknete Feigen

Den Backofen auf 180 Grad C vorheizen.

Die gehobelten und die ganzen Mandeln auf ein Backblech geben und 8-10 Minuten anrösten, bis sie zart duften. Dann abkühlen lassen und die 12 ganzen Mandeln beiseite stellen. Den Ofen noch nicht ausschalten.

Zucker, die gehobelten Mandeln und die Schokolade in eine Küchenmaschine geben und zu einer körnigen Masse verarbeiten.

Die Stiele der Feigen abschneiden und mit einem kleinen scharfen Messer die Feigen oben 2,5 cm tief einschneiden. Etwa 1 Teelöffel der Mandel-Schoko-Mischung in die Öffnung geben und wieder zudrücken. Die gefüllten Feigen mit der Stielseite nach oben auf ein Backblech setzen.

Die Feigen 5 Minuten backen, umdrehen und noch einmal etwa 5 Minuten backen, bis sie weich sind.

Aus dem Ofen nehmen und die ganze Mandel in den Einschnitt drücken. Noch warm oder aber bei Zimmertemperatur servieren.

Für 6 Personen

Baklava

Sowohl Griechen wie Türken beanspruchen die Urheberschaft dieses Meisterwerkes nahöstlicher Dessertkunst für sich. Baklava kann aus Walnüssen, Mandeln, Haselnüssen oder Pistazien zubereitet werden oder auch aus einer Mischung aus Walnüssen und Mandeln. Griechische und türkische Bäcker verwenden nie klebrigen Honigsirup, sondern stattdessen einen einfachen Sirup aus Zucker, der mit Zitronensaft und -schale verfeinert wird.

500 g grob gehackte Mandeln, Walnüsse oder Walnüsse und Mandeln zu gleichen Teilen
180 g Zucker
1 EL gemahlener Zimt
¼ TL gemahlene Nelken
250 g zerlassene, geklärte Butter
500 g Filoteig (in griechischen und türkischen Geschäften erhältlich, falls tiefgekühlt, im Kühlschrank vor Gebrauch auftauen)

Für den Zitronensirup:
500 ml Wasser
500 g Zucker
2 Streifen Zitronenschale, ca. 7,5 cm lang
2 EL frisch gepresster Zitronensaft

Den Backofen auf 180 Grad C vorheizen.

In einer Schale Nüsse, Zucker, Zimt und Nelken vermischen.

Eine feuerfeste Form (ca. 23 x 35 cm) dünn mit zerlassener Butter einpinseln. Den fertigen Strudelteig flach auf der Arbeitsfläche ausbreiten, mit einem feuchten Tuch oder Plastikfolie abdecken, um ein Austrocknen zu verhindern. Eine Lage Teig in die Form legen und mit Butter einpinseln. Dann nacheinander 10 Filoblätter aufeinander schichten. Die Nussmischung gleichmäßig auf dem gestapelten Teig verteilen, dann auch die restlichen Teiglagen, mit Butter eingepinselt, nacheinander darauf stapeln. Abgedeckt etwa 30 Minuten kalt stellen, damit die Butter fest wird (dann lässt sich die Baklava leichter zerschneiden).

Mit einem scharfen Messer die Baklava in 36 gleich große, rautenförmige Stücke schneiden. 35-40 Minuten lang goldbraun backen.

Während der Backzeit den Sirup herstellen. Wasser, Zucker und Zitronenschale in einen tiefen Topf geben. Kurz aufkochen, dann bei schwacher Hitze etwa 15 Minuten leise kochen lassen, bis der Sirup eindickt. Die Zitronenschale entfernen und den Zitronensaft unterrühren.

Die fertige Baklava aus dem Ofen nehmen und den heißen Sirup darüber gießen. 30 Minuten abkühlen lassen, dann die Stücke noch einmal nachschneiden. Übrig gebliebene Stücke zugedeckt bei Zimmertemperatur aufbewahren.

Ergibt etwa 36 Stück

FLAN DE NARANJA – SPANIEN

Karamellisierter Orangenpudding

Flans gehören in spanischen Tabernas ebenso wie in portugiesischen Tascas zu den beliebtesten Desserts. In Portugal werden sie gelegentlich noch mit Portwein oder Orangenschale verfeinert. Üblicherweise wird der Pudding karamellisiert, d.h., er wird in kleinen feuerfesten Förmchen hergestellt, in die zuvor etwas Karamellsirup gegeben wird.

Schale von 3 Orangen, in langen Streifen
500 ml Milch
500 ml Sahne (besser: Crème double)
1 Zimtstange
500 g Zucker
60 ml Wasser
6 Eier sowie 3 Eigelb
1 TL Vanilleessenz (oder 2 Beutel Vanillezucker)
3 EL Portwein, wahlweise

Milch, Sahne, Orangenschale und die Zimtstange in einen Topf geben und bei mittlerer Hitze erwärmen, bis sich am Rand Bläschen zeigen. Vom Herd nehmen und 1 Stunde stehen lassen, damit sich das Aroma entfalten kann.

Das Wasser und 250 g Zucker in einen kleinen Topf geben und bei mittlerer Hitze unter Rühren den Zucker auflösen. Bei starker Hitze zum Kochen bringen und ohne zu rühren 6-8 Minuten kochen lassen, bis die Flüssigkeit goldbraun ist. Den heißen Sirup auf 8 ofenfeste Förmchen (je ca. 250 ml) verteilen und sofort schwenken, damit sich der Sirup gleichmäßig in der Form verteilt. Die Förmchen in eine große Auflaufform und beiseite stellen.

Den Backofen auf 165 Grad C vorheizen.

Die Sahnemischung durch ein Sieb in einen Topf gießen. Bei relativ starker Hitze erwärmen, bis sich am Rand Bläschen zeigen. Die Flüssigkeit darf aber nicht kochen.

Inzwischen in einer Schüssel die Eier, Eigelb und den Rest Zucker schaumig schlagen. Langsam nach und nach die heiße Sahnemischung unterziehen. Danach Vanilleessenz und gegebenenfalls Wein unterziehen. Die Mischung durch ein Sieb auf die Förmchen verteilen.

Heißes Wasser in die große Auflaufform geben, sodass die Förmchen halbhoch im Wasser stehen. Die Form mit Alufolie abdecken und in den Ofen stellen. Etwa 30 Minuten backen. (Wenn man mit einem Messer in den Pudding sticht, muss die Klinge sauber bleiben.)

Die Form aus dem Ofen nehmen, die Förmchen herausheben, 30 Minuten abkühlen lassen, dann zugedeckt im Kühlschrank gründlich kühlen.

Kurz vor dem Servieren den Pudding mit einem Messer vorsichtig vom Innenrand der Förmchen lösen und in flache Dessertschälchen geben. Die restliche Karamellsoße darüber geben und servieren.

Für 8 Personen

Glossar

Auberginen
Sanftes, mildes Gemüse mit fester, zäher Haut, die je nach Rezept abgeschält wird oder an der Frucht bleibt. Auberginen sind bei uns meistens lila oder purpurrot, es gibt aber auch weiße Varianten.

Bohnen
Bohnen sind im Mittelmeerraum meistens Dicke Bohnen, die von Ägypten aus in alle anderen Mittelmeer-Länder vorgedrungen sind. Sie werden in ihren Schoten verkauft, aus denen man sie leicht lösen kann. Für die feineren Gerichte zieht man den Bohnenkernen auch noch die Haut ab.

Dicke Bohnen vorbereiten:
Mit den Fingern die Schoten aufdrücken und die Bohnenkerne herausstreifen. Den einzelnen Bohnenkern mit dem Fingernagel öffnen und dann die Haut vom Kern lösen.

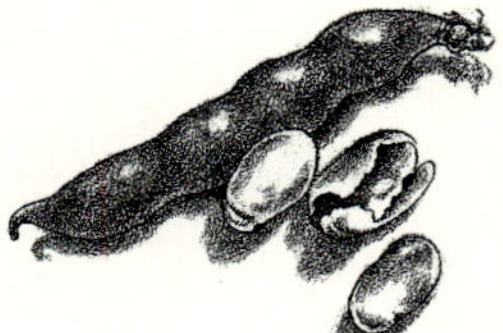

Brot
Das typische Brot des Mittelmeerraums wird aus grobem, ungebleichten Weizenmehl zubereitet und hat eine feste Kruste. Zu den griechischen und den türkischen Gerichten schmeckt auch das flache griechische Pita-Brot oder Pide, das türkische Fladenbrot.

Butter
Obwohl Olivenöl zum Kochen und Braten vorherrscht, verwendet man auch ungesalzene Butter, zum Beispiel zum Backen. Wird das Gericht stark erhitzt, sollte man geklärte Butter bevorzugen, die nicht anbrennt.

Butter, geklärt
Butter bei sehr milder Hitze in einem kleinen Topf zerlassen. Vom Herd nehmen und kurz stehen lassen. Mit einem Löffel den Schaum von der Oberfläche schöpfen. Die klare gelbe Flüssigkeit abgießen, und die weißlichen Trübstoffe am Boden zurücklassen. Die geklärte Butter hält sich im Kühlschrank circa 1 Monat, tiefgekühlt 2 Monate.

Chilischoten
Diese scharfen Schoten aus Amerika wurden am Mittelmeer schon kurz nach ihrer Entdeckung populär. Man sieht Chilies von aussen nicht an, wie scharf sie sind. Fragen Sie daher immer Ihren Händler oder probieren Sie einfach vor der Verwendung die Schärfe, damit Sie keine unangenehme Überraschung erleben.

Filoteig
Filo ist das griechische Wort für Blatt. Der Filoteig besteht aus hauchdünnen, einzelnen Blättern, mit denen die köstlichsten Zutaten der Mittelmeer-Region umhüllt werden. Man findet Filoteig (gelegentlich auch Phyllo geschrieben) in den griechischen oder türkischen Läden, entweder gekühlt in Folie oder tiefgefroren. Achten Sie beim Umgang mit Filoteig immer darauf, dass der Teil des Teiges, den Sie nicht verwenden, immer durch Abdecken vor dem Austrocknen geschützt werden muss.

Gewürze
Für ein volles Aroma immer ganze Gewürze nehmen, die vor dem Verwenden im Mörser zerstampft oder der Mühle gemahlen werden dürfen.

Cayennepfeffer:
Sehr scharfer Pfeffer aus gemahlenen Chilischoten.

Kreuzkümmel:
Diese sehr intensiv duftenden, gelbgrünen Körner haben einen starken, staubigen Geschmack und werden viel im vorderen Orient verwendet.

Muskatnuss:
Ein mildes, aromatisches Gewürz, das immer frisch gerieben werden sollte.

Paprika:
Es gibt milden und scharfen Paprika. Je röter eine Paprikasorte ist, desto milder ist sie auch.

Chilischoten:
Man verwendet am Mittelmeer vor allem Flocken, grob gemahlene oder gestampfte Teile der Chilischote.

Piment:
Ein mildes Gewürz, das in sich die Aromen von Muskatnuss, Zimt und Nelken vereint. Es sollte immer frisch gemahlen werden.

Safran:
Die goldgelben Safranfäden sind sehr aromatisch und färben intensiv gelb. Es handelt sich um die Samenfäden einer Krokusart und sie werden entweder als Fäden oder gemahlen verkauft. Wegen seines hohen Preises wird Safran viel gefälscht. Achten Sie also auf die Aufschrift: Naturreiner Safran.

Sumac:
Ein säuerliches Gewürz mit Pfeffer- und Zitronenaroma. Das dunkelrote Pulver stammt aus gemahlenen Sumac-Beeren und wird vor allem in der Türkei verwendet

Käse
Dokumente weisen nach, daß

man Käse am Mittelmeer bereits in der Bronzezeit kannte. Heute gibt es eine Menge verschiedener Sorten.

Bauernkäse:
Er ist noch sehr frisch und weiß, dabei meistens trocken, krümelig und fettarm.

Feta:
Ursprünglich ein Schafs- oder Ziegenkäse, fest, weiß und salzig, in einer Salzlake gelagert. Heute wird ein großer Teil des Feta-Käses aus Kuhmilch hergestellt.

Kasseri:
Griechischer Schafskäse, halbfest, dem Cheddar ähnlich, mit feinen Löchern. Im Geschmack dem Feta ähnlich.

Kaymak:
Die dicke Sahne aus der Türkei wird vor allem zu Desserts verwendet. Man ersetzt Kaymak am besten durch Crème fraiche.

Kefalotiri:
Fester griechischer Hartkäse, der vor allem gerieben und zum überbacken verwendet wird.

Mizithra:
Ein Frischkäse, der aus der Molke des Feta-Käses hergestellt wird. Er wird oft mit Schafs- oder Ziegenmilch vermischt, um ihm eine reicheres Aroma zu geben.

Parmesan:
Italienischer Hartkäse. Er ist auch in anderen Ländern sehr populär ist.

Ricotta:
Ein milder italienscher Frischkäse, ursprünglich aus Schafsmilch, heute überwiegend aus Kuhmilch.

Knoblauch
Die Kreuzritter verbreiteten dieses intensiv duftende Liliengewächs im gesamten Mittelmeerraum, wo es schnell eines der Lieblingsgewürze wurde. Zehen aus der Knolle lösen und pellen, bevor man sie zerkleinert.

Kohl
Vor allem in Portugal kennt man einen groben, grünblättrigen Kohl, der unsrem Grünkohl sehr ähnlich ist

Kräuter
Die wichtigsten Kräuter des Mittelmeerraums sind:

Basilikum
Frisch sehr mild und aromatisch, getrocknet von leicht pfeffrigem Aroma.

Dill
Zartes Kraut mit feingefiederten Blättern. Wird sehr gern zum Einlegen verwendet und würzt Gemüse oder Fischgerichte.

Koriandergrün
Auch Cilantro genannt, hat ähnliche Blätter wie Petersilie und einen scharfen, intensiven Geschmack.

Majoran
Würzig und kräftig, besonders geeignet für Fleischgerichte, aber auch für Geflügel, Fisch, Gemüse oder Eier.

Minze
Erfrischendes Kraut, von dem es viele Varianten gibt. Die am meisten verbreitete ist die Pfefferminze. Wird für eine Reihe von charakteristischen Gerichten verwendet.

Oregano
Wird auch wilder Majoran genannt und hat ein kräftiges, intensives Aroma. Oregano wird vor allem getrocknet verwendet.

Petersilie
Petersilie wird sowohl zum Würzen wie auch zur Dekoration verwendet. Die glattblättrige hat mehr Aroma als die krause Petersilie.

Thymian
Dieses würzige, kleinblättrige Kraut wird frisch oder auch getrocknet zum Würzen einer Vielzahl von Gerichten verwendet.

Krusten- und Schalentiere
Muscheln sind beliebt in Tavernen. Am verbreitetesten sind die

Jakobsmuscheln,
die vor allem in Spanien und Portugal verwendet werden. Sie sind bei uns allerdings sehr teuer und müssen sehr frisch verwendet werden.

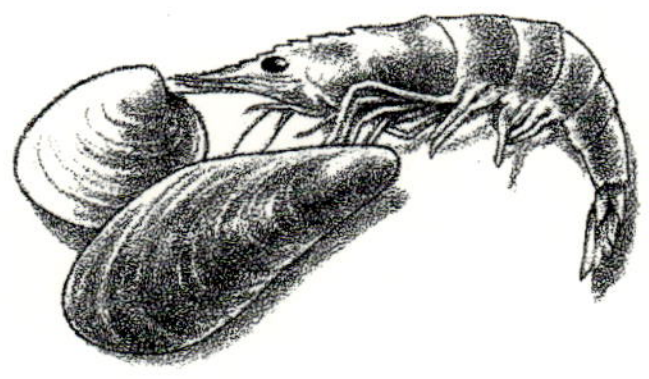

Miesmuscheln
müssen vor dem Kochen sehr gründlich gewaschen werden. Manchmal haben sie auch einen »Bart«, der noch abgelöst werden muss.

Garnelen
Die meisten Garnelen werden bei uns mit Schale, aber ohne Kopf verkauft. Man muss die Schalen ablösen und die Därme aus dem Fleisch ziehen, bevor man sie verwendet.

Garnelen vorbereiten
Mit den Daumen die Schale zwischen den Beinen aufbrechen und ablösen. Mit einem kleinen Messer einen Schnitt am Rücken entlang machen und den Darm herausziehen.

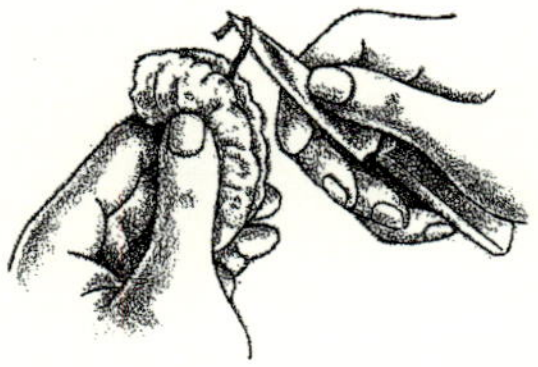

Mörser
Mörser aus Stein, Marmor, Steingut, Metall oder Holz werden rund um das Mittelmeer viel verwendet. Man mahlt, stampft oder püriert mit ihnen alle Arten von Lebensmitteln, von Gewürzkörnern und gekochtem Gemüse.

Nüsse und Mandeln
Überall am Mittelmeer werden Nüsse und Mandeln vor allem in Süsspeisen verwendet. Besonders beliebt sind Mandeln und Haselnüsse sowie Walnüsse und manchmal auch Pistazien.

Öl
Das wichtigste Öl ist das Olivenöl, aber man kennt auch andere Arten.

Olivenöl
Kaltgepresstes oder Jungfernöl der ersten Pressung hat das intensivste Aroma, in dem die ganze Fülle der Oliven eingeschlossen ist. Etwas weniger aromatisch ist das einfach kaltgepresste Öl, noch weniger Aroma hat das reine Olivenöl, das auch gut zum Bra-ten verwendet werden kann.

Pflanzenöl
Es hat fast kein Eigenaroma und kann deshalb besonders hoch erhitzt werden. Es ist ideal zum Frittieren geeignet.

Oliven
Den alten Griechen war der Olivenbaum heilig, und Oliven gehören auch heute noch zur griechischen Küche, aber auch die Küche der anderen Mitelmeerländer ist ohne Oliven kaum vorstellbar. Man legt dort entweder die unreifen grünen oder auch die reifen schwarze Oliven ein, und zwar in Salzwasser, das mit Gewürzen, Öl oder Essig aromatisiert werden kann, um unterschiedliche Geschmäcker zu erzeugen. Berühmt sind sind die spitzen Kalamata-Oliven vom Peloponnes.

Paprika
Die Paprikaschoten kommen ursprünglich aus der Neuen Welt, sind aber schon gut ein Jahrhundert nach Columbus rund um das Mittelmeer herum verbreitet. Die Samen der Paprika sind unbekömmlich und sollten immer entfernt werden.

Pilze
Man verwendet hauptsächlich Champignons, weisse oder braune, aber es gibt auch kleine, aromatische Wildpilze, die allerdings äußerst selten auf unsere Märkte kommen.

Pinienkerne
Diese kleinen, elfenbeinfarbenen Nüsse sind die Samenkerne der Pinien und haben einen vollen, leicht harzigen Geschmack.

Porree
Die milden Porreestangen mit ihrem Zwiebelaroma findet man viel in der Mittelmeerküche.

Quitten
Der Quittenbaum stammt ursprünglich aus Asien, ist aber überall am Mittelmeer heimisch. Die Früchte ähneln Äpfeln oder Birnen und entfalten ihr Aroma erst beim Garen.

Reis
Alexander der Grosse brachte den Reis von seinen Feldzügen nach Asien mit und führte ihn in Griechenland ein. Arabische Händler brachten ihn dann auf die iberische Halbinsel. Für die Rezepte in diesem Buch brauchen Sie folgende Sorten:

Langkornreis
Lange, schmale feste Reiskörner, die beim Kochen aufgehen, aber fest bleiben. Am besten schmeckt der Basmati-Reis mit seinem besonders feinem Aroma

Rundkornreis
Rundkornreis wird beim Kochen weicher als Langkornreis. Man verwendet ihn zum Beispiel für eine Paella oder für Süssspeisen.

Schinken
Schinken wird in der Volksküche Griechenlands, Spaniens und Portugals gern verwendet. Sie können hierzulande entweder den milden italienischen Prosciutto oder den aromatischen spanischen Jamon serrano verwenden.

Stockfisch
Rund ums Mittelmeer herum, vor allem aber in Frankreich, Spanien und Portugal, ist Stockfisch seit Jahrhunderten ein Grundnahrungsmittel. Er stammt aus Skandinavien und wird zur besseren Lagerung gesalzen und ge-

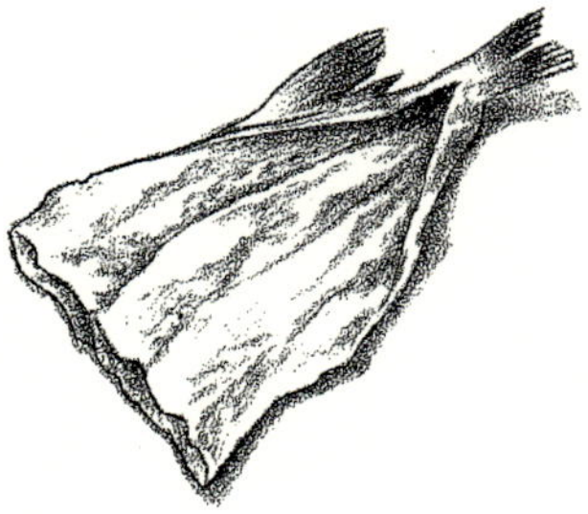

trocknet. Vor dem Verwenden sollte Stockfisch gründlich gewässert werden, damit er nicht zu salzig ist.

Sultaninen
Rosinen, die aus besonders grossen und süssen Trauben gemacht werden. Man kann sie durch Rosinen oder Korinthen ersetzen.

Tomaten
Wenn es im Sommer vollreife Tomaten gibt, verwenden Sie die. Den Rest des Jahres bevorzugen Sie Dosenware, denn die stammt auch aus vollreifen Früchten. Gekochte Gerichte werden oft auch mit Tomatenmark intensiviert.

Weinblätter
In der griechischen und türkischen Küche werden Weinblätter gern als essbare Umhüllung verwendet. Wenn Sie frische Weinblätter bekommen, waschen Sie sie gründlich und blanchieren sie dann 30 Sekunden in kochendem Wasser. Weinblätter aus der Dose vorsichtig voneinander lösen und sanft abspülen.

Würste
In den Tavernen wird die frische oder getrocknete Wurst in Scheiben angeboten oder in Eintöpfen mitgekocht. Die am häufigsten verwendeten Würste sind folgende:

Chouriço
Eine portugiesische Schweinswurst, gewürzt mit Knoblauch, Paprika, Salz und anderen Gewürzen.

Chorizo
Die spanische Schweinswurst, etwas milder, aber auch sie herzhaft mit Knoblauch und Paprika gewürzt.

Frische italienische Wurst, Salsicce
Die frische Schweinswurst aus Norditalien ist mild im Geschmack, manchmal mit Fenchel gewürzt.

Linguica
Eine getrocknete portugiesische Wurst, die der Chourizo ähnelt.

Loukanika
Frische griechische Schweinswürstchen, gewürzt mit Orangenschale, Majoran, Koriander und Piment.

Zucchini
Diese Kürbisart, auch Courgettes genannt, ist am Mittelmeer sehr beliebt. Verwenden Sie bevorzugt kleine Zucchini mit festem Fleisch und kleinen Samen.

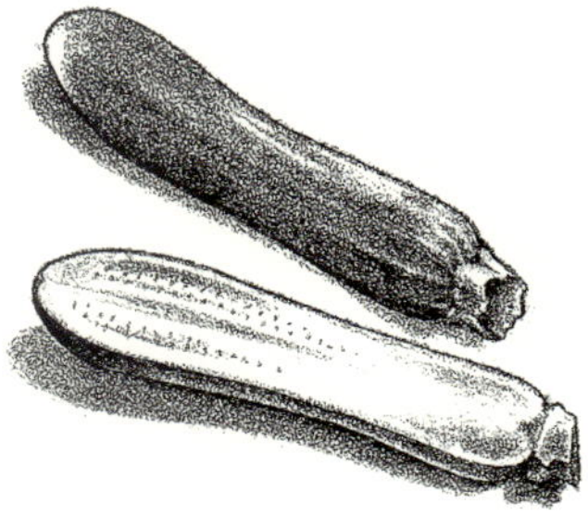

DANKSAGUNGEN

Joyce Goldstein dankt vor allem dem Personal des *Square One*. Ihr Dank geht außerdem an Sharon Silva für das sorgfältige Lektorat, ebenso an Wendely Harvey und Lisa Atwood. Und nicht zuletzt dankt sie denjenigen beim Oldways Preservation and Exchange Trust - Dun Gifford, Greg Drescher und Sara Baer-Sinnott -, die ihr die Neuentdeckung der griechischen, türkischen und spanischen Küche vor Ort ermöglichten.

Fotograf und Stylistin danken den folgenden für Ausstattungsmaterial:

Kim Kineman,
Woollahra, NSW
Art of Food and Wine,
Woollahra, NSW
Accoutrement,
Mosman, NSW

Die Verleger danken Desne Border, Erkan Gözüm, Ken DellaPenta und Tina Schmitz für ihre wertvolle redaktionelle Unterstützung.

BILDNACHWEISE

Seite 2-3:
George Grigoriou/
Tony Stone Worldwide
Seite 6-7:
Jonathan Selig/Foto 20-20
Seite 8:
Fred Lyon (links) Andre
Gallant/Image Bank (rechts)
Seite 9:
Dave Bartruff/Foto 20-20